40	quarante	ka'rãt
50	cinquante	ßë'kãt
60	soixante	ßoa'ßãt
70	soixante-dix	ßoaßãt'diß
80	quatre-vingt	katrö'wë
90	quatre-vingt-dix	katröwë'
100	cent	ßã
101	cent un	ßã ë
102	cent deux	ßã dö
200	deux cents	dö ßã
300	trois cents	troa ßã
437	quatre cent trente-sept	'kat ãt
1 000	mille	mil
2 000	deux mille	dö mil
10 000	dix mille	di mil
100 000	cent mille	ßã mil

Die Ordnungszahlen

1.	premier	prö'mje
2.	deuxième	dö'sjäm
3.	troisième	troa'sjäm
4.	quatrième	katri'jäm
5.	cinquième	ßë'kjäm
6.	sixième	ßi'sjäm
7.	septième	ßä'tjäm
8.	huitième	üi'tjäm
9.	neuvième	nö'wjäm
10.	dixième	di'sjäm

Herausgegeben von der Langenscheidt-Redaktion
Layout: Andrea Forster
Illustrationen: Nina Soentgerath

Abkürzungen:

f	weiblich
m	männlich
pl	Plural
sg	Singular
unv	unverändert

Druck: Stürtz GmbH, Würzburg
Printed in Germany
ISBN: 978-3-468-23153-7

11021

Inhalt

Die Zahlen   II
Das Allerwichtigste   IV
Aussprache   4
Register   253

Zwischenmenschliches   7

Unterkunft   19

Essen und Trinken   35

Unterwegs   65

Einkaufen   95

Freizeitgestaltung   129

Erledigungen   165

Ernstfall   175

Zeit und Wetter   199

Reisewörterbuch   209

Aussprache

Um Ihnen eine Hilfe bei der Aussprache des Französischen zu geben, haben wir alle Wörter und Sätze zusätzlich in einer vereinfachten Lautschrift wiedergegeben. Beachten Sie dabei folgende Besonderheiten:

' Die nachfolgende Silbe wird betont.

‿ Die Wörter werden eng zusammenhängend gesprochen.

Buch-stabe	Laut-schrift	Aussprache	Beispiel
c	ß	vor *e* und *i* wie stimmloses *s* in Messe	cela ßö'la *das*
	k	sonst wie *k*	comme kɔm *wie*
ç	ß	wie stimmloses *s* in Messe	ça ßa *das*
ch	sch	wie *sch*	chemise schö'mis *Hemd*
e	e	geschlossenes *e* wie in See	été e'te *Sommer*
	ä	kurzes offenes *e* wie in ändern	adresse a'dräß *Adresse*
	ö	schwaches *e* wie in bitte	je schö *ich*

4

Buchstabe	Lautschrift	Aussprache	Beispiel
g	s̱ch	vor *e* und *i* weiches *sch*, wie *g* in Genie	boulangerie bulãs̱chri *Bäckerei*
	g	sonst wie weiches *g*	gare gar *Bahnhof*
h	–	wird nicht ausgesprochen	hiver i'wär *Winter*
j	s̱ch	weiches *sch*, wie *g* in Genie	jour s̱chur *Tag*
ll	l	manchmal wie *l*	ville wil *Stadt*
	j	manchmal wie *j*	fille fij *Tochter*
o	o	geschlossenes *o* wie in Moral	hôtel o'täl *Hotel*
	ɔ	offenes *o* wie in Wolle	octobre ɔk'tɔbrö *Oktober*
s	ß	stimmloses *s* wie in Hast	salut ßa'lü *hallo*
	s	stimmhaftes *s* wie in Sonne	chose schos *Sache*
u	ü	wie *ü*	tu tü *du*
v, w	w	wie *w* in Weg	vin vẽ *Wein*
y	i	vor Konsonanten wie *i*	typique ti'pik *typisch*
	j	sonst wie *j*	yeux jö *Augen*

Wichtige Buchstabenkombinationen:

Buchstaben	Lautschrift	Aussprache	Beispiel
ai, ay	ä	wie *ä*	plaire plär *gefallen*
au, eau	o	wie o	au revoir o rö'woar *Auf Wiedersehen*
eu	ö	wie ö	deux dö *zwei*
gn	nj	sog. mouilliertes *n*, wie in Champagner	Allemagne al'manj *Deutschland*
gue, gui	ge, gi	wie *ge* bzw. *gi*, d.h. das *u* bleibt stumm	guichet gi'schä *Schalter*
oi	oa	gleitendes *oa*	soir ßoar *Abend*
ou	ü	wie *u* in nur	vous wu *Sie*
œi, œu	ö	wie ö	œuf öf *Ei*
qu	k	wje k	qui ki *wer*
ui	üi	geschlossenes *ü* + *i*	huit üit *acht*
an, en	ã	durch die Nase gesprochenes *an*	dans dã *in*
in, ein, ain	ẽ	durch die Nase gesprochenes *en*	vin wẽ *Wein*
on	õ	durch die Nase gesprochenes *on*	ton tõ *dein*

Zwischenmenschliches

Verständigung 8

Begrüßung und
Abschied 9

Kennenlernen 11

Höfliche
Wendungen 15

Verständigung

Sprechen Sie Deutsch?
Vous parlez allemand ?
wu par'le al'mã?

Gibt es hier jemanden, der *Deutsch / Englisch* spricht?
Il y a quelqu'un ici qui parle allemand / anglais ? il__ja käl'kë i'ßi ki parl *al'mã / ã'glä*?

Haben Sie verstanden?
Vous avez compris ?
wus__a'we kõ'pri?

Ich habe verstanden.
J'ai compris. schä kõ'pri.

Ich habe das nicht verstanden.
Je n'ai pas compris.
schö nä pa kõ'pri.

Könnten Sie bitte etwas langsamer sprechen?
Vous pourriez parler un peu plus lentement, s'il vous plaît ? wu pu'rje par'le ë pö plü lãt'mã, ßil wu plä?

Könnten Sie das bitte wiederholen?
Vous pourriez répéter, s'il vous plaît ? wu pu'rje repe'te, ßil wu plä?

Wie heißt das auf Französisch?
Comment ça se dit en français ? kɔ'mã ßa ßö di ã frä'ßä?

Was bedeutet …?
Que veut dire … ? kö wö dir …?

Könnten Sie es mir aufschreiben?
Vous pourriez me l'écrire ? wu pu'rje mö le'krir?

Begrüßung und Abschied

Guten Tag!	Bonjour ! bõˈschur!
Guten Abend!	Bonsoir ! bõˈßoar!
Gute Nacht!	Bonne nuit ! bɔn nüi!
Hallo!	Salut ! ßaˈlü!

Info Bonjour sagt man in Frankreich für *Guten Morgen* und *Guten Tag*, aber auch abends zur Begrüßung für *Guten Abend*. Bonsoir kann man sehr spät abends auch zur Begrüßung sagen, ansonsten wird es nur abends zur Verabschiedung gebraucht. Auch *Gute Nacht* heißt bonsoir; nur zu Kindern sagt man, meist in Verbindung mit dem Gutenachtkuss, bonne nuit. Wenn man jemandem das erste Mal begegnet, ist eine höfliche Begrüßung Bonjour, monsieur/Bonjour, madame. Wenn man sich schon etwas besser kennt, begrüßt man sich mit einem *Kuss auf die Wange* une bise. Ob man sich zwei, drei oder sogar vier bises gibt, hängt von der Region ab.

Wie geht es *Ihnen / dir*?	Comment *allez-vous / vas-tu* ? kɔˈmã t‿aleˈwu / wa tü?
Wie geht's?	Comment ça va ? kɔˈmã ßa wa?
Danke, gut. Und *Ihnen / dir*?	Très bien, merci. Et *vous / toi* ? trä bjē, märˈßi. e *wu / toa*?

9

Schönen Tag noch!	Bonne journée ! bɔn schur'ne!
Schönes Wochenende!	Bon week-end ! bõ ui'känd!
Viel Glück!	Bonne chance ! bɔn schäß!
Einen schönen Abend!	Bonne soirée ! bɔn ßoa're!
Gute Heimreise!	Bon retour ! bõ rö'tur!
Es tut mir leid, aber ich muss jetzt gehen.	Je suis désolé, mais je dois partir maintenant. schö ßüi deso'le, mä schö doa par'tir mët'nã.
Auf Wiedersehen!	Au revoir ! o rö'woar!
Bis bald / morgen!	A bientôt / demain ! a bjē'to / dö'mê!
Tschüs!	Salut ! ßa'lü!
Vielen Dank für den netten Abend / Tag.	Merci pour cette charmante soirée / journée. mär'ßi pur ßät schar'mät ßoa're / schur'ne.

Schön, *Sie / dich* kennengelernt zu haben.	Je suis ♂heureux / ♀heureuse d'avoir fait *votre / ta* connaissance. schö ßüis__ ♂ö'rö / ♀ö'rös da'woar fä *'wɔtrö / ta* kɔnä'ßäß.

Kennenlernen

Vorstellung

Wie *heißen Sie / heißt du*?	Comment *vous appelez-vous / tu t'appelles* ? kɔ'mã *wus__ aple'wu / tü ta'päl*?
Ich heiße …	Je m'appelle … schö ma'päl …
Darf ich bekannt machen? Das ist …	Permettez-moi de vous présenter. C'est … pärmäte'mua dö wu presã'te. ßä …
– mein Mann.	– mon mari. mõ ma'ri.
– meine Frau.	– ma femme. ma fam.
– mein Freund.	– mon ami. mõn__ a'mi.
– meine Freundin.	– mon amie. mõn__ a'mi.

➡️ *Weitere Wörter, Seite 17*

Woher *kommen Sie / kommst du*?	D'où *venez-vous / viens-tu* ? du *wöne'wu / wjẽ tü*?

Ich komme aus …	*Je viens …* ßchö wjë …
– Deutschland.	– *d'Allemagne.* dal'manj.
– Österreich.	– *d'Autriche.* do'trisch.
– der Schweiz.	– *de Suisse.* dö ßüiß.

Sind Sie / Bist du
verheiratet?

Êtes-vous / Es-tu marié ?
ät'wu / ä'tü ma'rje?

Ich bin …	*Je suis …* ßchö ßüi …
– ledig.	– *célibataire.* ßeliba'tär.
– verheiratet.	– *marié.* mar'je.
– geschieden.	– *divorcé.* diwɔr'ße.

Ich lebe getrennt. *Je suis séparé.* ßchö ßüi ßepa're.

Haben Sie / Hast du
Kinder?

Avez-vous / As-tu des enfants ?
awe'wu / a'tü des_ã'fã?

*Was machen Sie /
machst du*
beruflich?

*Qu'est-ce que vous faites / tu fais
comme travail ?* käß_kö wu fät /
tü fä kɔm tra'waj?

Info Franzosen siezen sich hartnäckig, selbst wenn
sie jemanden schon lange Jahre kennen. Das
Angebot, jemanden mit dem Vornamen anzureden, ist nicht,
wie in Deutschland, mit dem „Du" verknüpft: Sie werden oft
hören, dass man sich beim Vornamen anredet, aber trotzdem
„Sie" sagt. Männer redet man nur mit Monsieur, Frauen nur
mit Madame oder Mademoiselle an, ohne den Familien-
namen, selbst wenn man ihn kennt.

Verabredung

Treffen wir uns *heute Abend / morgen*?	Si on se voyait *ce soir / demain* ? ßi õ ßö woa'jä *ßö ßoar / dö'mё*?
Wir könnten etwas zusammen machen, wenn *Sie möchten / du möchtest*.	On pourrait faire quelque chose ensemble, si *vous le voulez / tu le veux*. õ pu'rä fär kälkö schos ã'ßãblö, ßi *wu lö wu'le / tü lö wö*.
Wollen wir heute Abend zusammen essen?	Si on dînait ensemble ce soir ? ßi õ di'nä ã'ßãblö ßö ßoar?

➡ *Mit Freunden essen, Seite 59*

Ich möchte *Sie / dich* einladen.	Je voudrais *vous inviter / t'inviter*. schö wu'drä *wus_ёwi'te / tёwi'te*.
Wann / Wo treffen wir uns?	On se donne rendez-vous *à quelle heure / où* ? õ ßö dɔn räde'wu *a käl_ör / u*?
Treffen wir uns doch um … Uhr.	Disons qu'on se rencontre à … heures. di'sõ kõ ßö rã'kõtr_a … ör.
Ich hole *Sie / dich* um … Uhr ab.	Je passerai *vous / te* prendre à … heures. schö paß'rä *wu / tö* prãdr_a … ör.

13

Ich bringe Sie nach Hause.	Je vous raccompagne jusque chez vous. schö wu rakö'panj schüßkö sche wu.
Ich bringe dich nach Hause.	Je te raccompagne jusque chez toi. schö tö rakö'panj 'schüßkö sche toa.
Ich möchte mit dir schlafen.	Je voudrais faire l'amour avec toi. schö wu'drä fär la'mur a'wäk toa.
Aber nur mit Kondom.	Mais seulement avec un condom. mä ßöl'mä a'wäk ē kõ'dõ.
Sehen wir uns noch einmal?	On va se revoir ? õ wa ßö rö'woar?
Sehr gerne.	Très volontiers. trä wͻlõ'tje.
In Ordnung.	O.K. o'ke.
Ich weiß noch nicht.	Je ne sais pas encore. schö nö ßä pas_ã'kͻr.
Vielleicht.	Peut-être. pö'tätrö.
Es tut mir leid, aber ich kann nicht.	Je suis désolé, mais je ne peux pas. schö ßüi deso'le, mä schö nö pö pa.
Ich habe schon etwas vor.	J'ai déjà quelque chose de prévu. schä de'scha kälkö schos dö pre'wü.

| Wie ist Ihre *Handynummer* / *E-Mail-Adresse*? | Quel est votre *numéro de portable* / *adresse électronique*? käl__ä 'wɔtrö *'nümero de pɔr'tablö / a'dräß eläktrɔ'nik*? |

Höfliche Wendungen

Gefallen und Missfallen

Sehr gut!	Très bien ! trä bjë!
Ich bin sehr zufrieden!	Je suis très ♂content / ♀contente ! schö ßüi trä ♂kõ'tã / ♀kõ'tãt!
Das gefällt mir.	Ça me plaît. ßa mö plä.
Sehr gerne.	Très volontiers. trä wɔlõ'tje.
Das ist mir egal.	Ça m'est égal. ßa mät__e'gal.
Wie schade!	Dommage ! dɔ'masch!
Ich würde lieber …	J'aimerais mieux … schäm'rä mjö …
Das gefällt mir nicht.	Ça ne me plaît pas. ßa nö mö plä pa.
Das möchte ich lieber nicht.	Je ne préfèrerais pas. schö nö prefärö'rä pa.
Auf keinen Fall.	En aucun cas. ãn__o'kë ka.

Bitte und Dank

Vielen Dank.	Merci beaucoup. mär'ßi bo'ku.
Darf ich?	Vous permettez ? wu pärmä'te?
Bitte, …	S'il vous plaît, … ßil wu plä, …
Danke, gerne.	Oui, merci. ui, mär'ßi.
Nein, danke.	Non, merci. nõ, mär'ßi.
Könnten Sie mir bitte helfen?	Est-ce que vous pourriez m'aider, s'il vous plaît ? äß_kö wu pu'rje mä'de, ßil wu plä?
Vielen Dank, das ist sehr nett von Ihnen.	Merci beaucoup. C'est très aimable de votre part. mär'ßi bo'ku. ßä träs_ä'mablö dö 'wotrö par.
Gern geschehen.	Il n'y a pas de quoi. il nja pa d_koa.
Keine Ursache.	De rien. dö rjë.

Entschuldigung

Entschuldigen Sie!	Excusez-moi ! äkßküse'moa!
Das tut mir leid.	Je suis désolé. schö ßüi deso'le.
Tut mir leid, dass ich mich verspätet habe.	Désolé pour le retard. deßɔ'le pur lö rö'tar.

16

Macht nichts!	Ça ne fait rien ! ßa nö fä rjë!
Das ist mir sehr unangenehm.	C'est très embarrassant pour moi. ßä träs_ãbara'ßã pur moa.
Das war ein Missverständnis.	C'était un malentendu. ße'tät_ ̃e malãtã'dü.

Weitere Wörter

Adresse	l'adresse la'dräß
allein	seul ßöl
Beruf	la profession la prɔfä'ßjõ
Bruder	le frère lö frär
danke	merci pär'ßi
einladen	inviter ̃ewi'te
essen gehen	aller manger a'le mã'sche
Frau (*Anrede*)	Madame ma'dam
Frau (*Ehefrau*)	la femme la fam
Freund	l'ami la'mi
Freundin	l'amie la'mi
Geschwister	les frères et sœurs le frär e ßör
heißen	s'appeler ßap'le
ich heiße	je m'appelle schö ma'päl
Herr	Monsieur mö'ßjö
Junge	le garçon lö gar'ßõ
Kind	l'enfant lã'fã
kommen aus	venir de wö'nir dö

Kondom	condom kõ'dõ
Land	le pays lö pe'i
Mädchen	la jeune fille la schön fij
Mann (*Ehemann*)	le mari lö ma'ri
mögen	aimer ä'me
Mutter	la mère la mär
Partner	le compagnon lö kõpa'njõ
Partnerin	la compagne la kõ'panj
Schule	l'école le'kɔl
Schwester	la sœur la ßör
Sohn	le fils lö fiß
Stadt	la ville la wil
Student	l'étudiant letü'djã
Studentin	l'étudiante letü'djãt
studieren	faire des études fär des_ e'tüd
tanzen gehen	aller danser a'le dã'ße
Tochter	la fille la fij
sich treffen	se rencontrer ße rãkõ'tre
Urlaub	les vacances le wa'kãß
Vater	le père lö pär
sich verabreden	se donner rendez-vous
	ßö dɔ'ne rãde'wu
verheiratet	marié ma'rje
verstehen	comprendre kõ'prãdrö
wenig	peu pö
wiederholen	répéter repe'te
wiederkommen	revenir röw'nir
wiedersehen	revoir rö'woar

Unterkunft

Information 20

Hotel und Pension 22

Camping 28

Information

Wo ist die Touristen-information?	Où se trouve l'office du tourisme ? u ßö truw lɔ'fiß dü tu'rismö?

Info Sie können bei jedem office du tourisme (*Touristeninformation*) ein Verzeichnis der verschiedenen Übernachtungsmöglichkeiten in der Gegend bekommen. Die Touristeninformationen sind Ihnen auch gerne bei der Zimmerreservierung behilflich.

Wissen Sie, wo ich hier ein Zimmer finden kann?	Vous savez où je peux trouver une chambre ici ? wu ßa've u schö pö tru'we ün schäbr_i'ßi?
Können Sie mir ... empfehlen?	Vous pourriez me recommander ... wu pu'rje mö rökɔmã'de ...
– ein gutes Hotel	– un bon hôtel ? ē bɔn_o'täl?
– ein preiswertes Hotel	– un hôtel pas trop cher ? ēn_o'täl pa tro schär?
– eine Pension	– une pension ? ün pã'ßjö?
– eine Privat-unterkunft	– une location chez l'habitant ? ün lɔka'ßjö sche labi'tã?
Wie viel kostet es (ungefähr)?	Quel est le prix (à peu près) ? käl ä lö pri (a pö prä)?
Können Sie für mich dort reservieren?	Vous pourriez réserver pour moi ? wu pu'rje resär'we pur moa?

20

Info Neben den Hotels gibt es in Frankreich diverse andere Übernachtungsmöglichkeiten: die chambres d'hôte (*Gästezimmer*) bieten Übernachtung und Frühstück, manchmal auch Abendessen. Sie finden sie vor allem auf dem Land – achten Sie auf Schilder am Straßenrand oder am Haus. Mit gîte rural bezeichnet man eine *möblierte Ferienwohnung auf dem Lande*, die man für ein Wochenende oder wochenweise mieten kann. Die Bezeichnung Gîte de France ist ein Gütesiegel, das die Übernachtungsmöglich-keiten auf dem Land mit 1, 2 oder 3 Maiskolben auszeichnet, analog zu den Sternen bei den Hotels. Beim camping à la ferme zeltet man auf dem Grundstück eines Bauern. Meist gibt es die Möglichkeit, auf dem Bauernhof zu frühstücken. Der gîte d'étape ist eine Unterkunft für Wanderer entlang der großen Wanderwege. Man wird in Schlafsälen oder Zelten untergebracht; im Sommer ist telefonische Voranmeldung ratsam.

Gibt es hier *eine Jugendherberge / einen Camping-platz*?	Est-ce qu'il y a *une auberge de jeunesse / un terrain de camping* par ici ? äß_kil_ja ün_o'bärschö dö schö'näß/ē te'rē dö kã'ping par i'ßi?
Ist es weit von hier?	C'est loin d'ici ? ßä loē di'ßi?
Wie komme ich dorthin?	Comment est-ce que je peux m'y rendre ? kɔ'mã äß_kö schö pö mi 'rãdrö?

21

Hotel und Pension

Ankunft

Für mich ist bei Ihnen ein Zimmer reserviert. Mein Name ist …

On a retenu chez vous une chambre à mon nom. Je m'appelle … õn_a rötö'nü sche wu ün schãbr_a mõ nõ. schö ma'päl …

Haben Sie ein *Doppelzimmer / Einzelzimmer* frei …

Vous auriez une chambre pour *deux personnes / une personne* … wus_o'rje ün 'schãbrö pur *dö pär'ßon / ün pär'ßon* …

– für eine Nacht?
– für … Nächte?

– pour une nuit ? pur ün nüi?
– pour … nuits ? pur … nüi?

– mit *Bad / Dusche*?

– avec *bain / douche* ? a'wäk *bẽ / dusch*?

– mit Balkon?

– avec balcon ? a'wäk bal'kõ?

– mit Klimaanlage?

– avec air conditionné ? a'wäk är kõdißjo'ne?

– mit Ventilator?

– avec un ventilateur ? a'wäk_ẽ wãtila'tör?

– mit Blick aufs Meer?

– avec vue sur la mer ? a'wäk wü ßür la mär?

– nach *hinten / vorne* hinaus?

– donnant sur *l'arrière / le devant* ? dɔ'nã ßür *la 'rjär / lö dö'wã*?

Malheureusement, nous sommes complets. malörös'mã, nu ßɔm kõ'plä.	Wir sind leider ausgebucht.
La chambre se libèrera *demain* / *le* .... la 'schãbrö ßö libärö'ra *dö'mē* / *lö*	*Morgen / Am* ... wird ein Zimmer frei.
Wie viel kostet es ...	Combien ça coûte ... kõ'bjē ßa kut ...
– mit Frühstück?	– avec le petit déjeuner ? a'wäk lö pö'ti deschö'ne?
– ohne Frühstück?	– sans le petit déjeuner ? ßã lö pö'ti deschö'ne?
– mit Halbpension?	– avec la demi-pension ? a'wäk la dömipã'ßjõ?
– mit Vollpension?	– avec la pension complète ? a'wäk la pã'ßjõ kõ'plät?

23

Gibt es eine Ermäßigung, wenn man … Nächte bleibt?	Est-ce qu'il y a une réduction, si l'on reste … nuits ? äß_kil_ja ün redük'ßjõ, ßi lõ 'räßtö … nüi?
Kann ich mir das Zimmer ansehen?	Je pourrais voir la chambre ? schö pu'rä woar la 'schäbrö?
Könnten Sie ein zusätzliches Bett aufstellen?	Vous pourriez installer un lit supplémentaire ? wu pu'rje ёßta'le ё li ßüplemã'tär?
Haben Sie noch ein anderes Zimmer?	Vous auriez encore une autre chambre ? wus_o'rje ã'kɔr ün_'otrö 'schäbrö?
Es ist sehr schön. Ich nehme es.	Elle me plaît. Je le prends. äl mö plä. schö la prã.
Könnten Sie mir das Gepäck aufs Zimmer bringen?	Vous pourriez apporter mes bagages dans la chambre ? wu pu'rje apɔr'te me ba'gasch dã la 'schäbrö?
Wo ist das Bad?	Où sont les toilettes ? u ßõ le toa'lät?
Wo kann ich meinen Wagen abstellen?	Où est-ce que je peux garer ma voiture ? u äß_kö schö pö ga're ma woa'tür?
Wann gibt es Frühstück?	À quelle heure est le petit déjeuner ? a käl_ör ä lö pö'ti deschö'ne?

Service

Haben Sie ein Hotel-kärtchen für mich?	Avez-vous une carte de visite de l'hôtel pour moi? awe'wu ün 'kart dö wi'sit dö lo'täl pur moa?
Kann ich Ihnen meine Wertsachen zur Aufbewahrung geben?	Est-ce que je peux vous confier mes objets de valeur ? äß_ kö schö pö wu kõ'fje mes_ɔb'schä dö wa'lör?
Ich möchte meine Wertsachen abholen.	Je voudrais reprendre mes objets de valeur. schö wu'drä rö'prädrö mes_ɔb'schä dö wa'lör.
Bitte den Schlüssel für Zimmer …	La clé de la chambre …, s'il vous plaît. la kle dö la 'schäbrö …, ßil wu plä.
Kann ich von meinem Zimmer aus (nach Deutschland) telefonieren?	Est-ce que je peux téléphoner (en Allemagne) depuis ma chambre ? äß_ kö schö pö telefɔ'ne (ãn_al'manj) dö'püi ma 'schäbrö?
Ist eine Nachricht für mich da?	Est-ce qu'il y a un message pour moi ? äß_kil_ ja ẽ me'ßasch pur moa?
Meine Tür lässt sich nicht abschließen.	Ma porte ne ferme pas à clé. ma 'pɔrtö nö 'färmö pa a kle.

25

Ich habe mich aus meinem Zimmer ausgesperrt.	Je me suis enfermé(e) dehors. schö mö ßüi ê'färme dö'ɔr.
Könnte ich bitte noch … haben?	Est-ce que je pourrais avoir encore …, s'il vous plaît ? äß__ kö schö pu'rä a'woar ã'kɔr …, ßil wu plä
– eine Decke	– une couverture ün kuwär'tür
– ein Handtuch	– une serviette ün ßär'wjät
– ein paar Kleiderbügel	– quelques cintres 'kälkö 'ßëtrö
– ein Kopfkissen	– un oreiller ẽn__ɔrä'je
Das Fenster geht nicht auf / zu.	La fenêtre ne s'ouvre / ferme pas. la fö'nätrö nö 'ßuwrö / 'färmö pa.
… funktioniert nicht.	… ne marche pas. … nö 'marschö pa.
– Die Dusche	– La douche la dusch
– Der Fernseher	– La télévision la telewi'sjõ
– Der Heizung	– Le chauffage lö scho'fasch
– Der Internetanschluss	– La connexion à internet la kɔnä'kßjõ a ẽtär'nät
– Die Klimaanlage	– La climatisation la klimatisa'ßjõ
– Das Licht	– La lumière la lü'mjär
– Die Spülung	– La chasse d'eau la schaß do
– Der Ventilator	– Le ventilateur lö watila'tör

Es kommt kein (warmes) Wasser.	Il n'y a pas d'eau (chaude). il nja pa do (schod).
Der Wasserhahn tropft.	Le robinet goutte. lö rɔbi'nä gut.
Der Abfluss ist verstopft.	L'écoulement est bouché. lekul'mã ä bu'sche.
Die Toilette ist *verstopft / schmutzig*.	Les toilettes sont *bouchées / sales*. le toa'lät ßõ *bu'sche / ßal*.

Abreise

Bis wie viel Uhr muss man auschecken?	Il faut quitter la chambre à quelle heure? il fo ki'te la 'schãbrö a käl__ör?
Kann ich später auschecken?	Je peux quitter la chambre plus tard? schö pö ki'te la 'schãbrö plü tar?
Wecken Sie mich bitte (morgen früh) um ... Uhr.	Réveillez-moi (demain matin) à ... heures, s'il vous plaît. rewäje'moa (dö'mẽ ma'tẽ) a ... ör, ßil wu plä.
Wir reisen morgen ab.	Nous partons demain. nu par'tõ dö'mẽ.

27

Machen Sie bitte die Rechnung fertig.	Préparez-nous la note, s'il vous plaît. prepare'nu la nɔt, ßil wu plä.
Kann ich mit EC-Karte / Kreditkarte zahlen?	Je peux payer avec *carte de débit / carte de crédit*? schö pö päje a'wäk *kart dö de'bi / kart dö kre'di*?
Es war sehr schön hier.	Nous avons passé un séjour très agréable. nus_a'wõ pa'ße ẽ ße'schur träs_agre'ablö.
Kann ich mein Gepäck noch bis ... Uhr hierlassen?	Est-ce que je peux encore laisser mes bagages ici jusqu'à ... heures ? äß_kö schö pö ã'kɔr lä'ße me ba'gasch i'ßi schüßa ... ör?
Rufen Sie bitte ein Taxi.	Appelez-moi un taxi, s'il vous plaît. aple'moa ẽ ta'kßi, ßil wu plä.

Camping

Dürfen wir auf Ihrem Grundstück zelten?	Est-ce que nous pouvons camper sur votre terrain ? äß_kö nu pu'wõ kã'pe ßür 'wɔtrö te're̱?
Haben Sie noch Platz für ...?	Est-ce qu'il y a encore de la place pour... ? äß_kil_ja ã'kɔr dö la plaß pur ...?

Wie hoch ist die Gebühr für …	Quel est le tarif pour … käl ä lö ta'rif pur …
– … Erwachsene und … Kinder?	– … adultes et … enfants ? … a'dült e … ã'fã?
– einen Pkw mit Wohnwagen?	– une voiture avec caravane ? ün woa'tür a'wäk kara'wan?
– ein Wohnmobil?	– un camping-car ? ẽ kãping'kar?
– ein Zelt?	– une tente ? ün tãt?

Vermieten Sie auch *Bungalows / Wohnwagen*?	Est-ce que vous louez aussi des *bungalows / caravanes* ? äß_kö wu lu'e o'ßi de *bẽga'lo / kara'wan*?

Wir möchten *einen Tag / … Tage* bleiben.	Nous voudrions rester *un jour / … jours.* nu wudri'jõ räß'te ẽ *schur / … schur.*

Wo können wir *unser Zelt / unseren Wohnwagen* aufstellen?	Où pouvons-nous installer *notre tente / notre caravane* ? u puwõ'nu ẽßta'le *'nɔtrö tãt / 'nɔtrö kara'wan*?

Wo sind die *Waschräume / Toiletten*?	Où sont les *lavabos / toilettes* ? u ßõ le *lawa'bo / toa'lät*?

Wo kann ich das Chemieklo entsorgen?	Où est-ce que je peux vider les toilettes chimiques ? u äß_kö schö pö wi'de le toa'lät schi'mik?

29

| Gibt es hier Stromanschluss? | Vous avez un branchement électrique ? wus‿a'we ē bräsch'mä eläk'trik? |
| Kann ich hier Gasflaschen *kaufen / umtauschen*? | Je peux *acheter / échanger* des bouteilles de butane ici ? schö pö *asch'te / eschä'sche* de bu'täj dö bü'tan i'ßi? |

abreisen	partir par'tir
Adapter	l'adaptateur ladapta'tör
Anmeldung	la déclaration de séjour la deklara'ßjõ dö ße'schur
Anzahlung	l'acompte la'kõt
Appartement	le studio lö ßtü'djo
Aschenbecher	le cendrier lö ßãdri'je
Aufenthaltsraum	la salle de réunion la ßal dö reü'njõ
Aufzug	l'ascenseur laßã'ßör
Badewanne	la baignoire la bä'njoar
Beanstandung	la réclamation la reklama'ßjõ
Besen	le balai lö ba'lä
Bett	le lit lö li
Bettdecke	la couverture la kuwär'tür
Bettlaken	le drap lö dra
bügeln	repasser röpa'ße
Bungalow	le bungalow lö bēga'lo

Camping	le camping lö kã'ping
Decke	la couverture la kuwär'tür
Doppelbett	le lit conjugal lö li köschü'gal
Dusche	la douche la dusch
Einzelbett	le lit à une place lö li a ün plaß
Empfang	la réception la reßäp'ßjõ
Endreinigung	le ménage de fin de séjour
	lö me'nasch dö fẽ dö ße'schur
Etage	l'étage le'tasch
Etagenbetten	les lits superposés le li büpärpo'se
Ferienhaus	la maison de vacances
	la mä'sõ d_ wa'kãß
Ferienwohnung	le meublé lö mö'ble
Fernseher	la télévision la telewi'sjõ
Foyer	le hall d'entrée lö ol dã'tre
Frühstücksbüfett	le buffet du petit déjeuner
	lö bü'fe dü pö'ti deschö'ne
Frühstücksraum	la salle du petit déjeuner
	la ßal dü pö'ti deschö'ne
Gaskartusche	la cartouche de gaz
	la kar'tusch dö gas
Gaskocher	le réchaud a gaz lö re'scho a gas
Geschirr	la vaisselle la wä'ßäl
Glas	le verre lö wär
Glühbirne	l'ampoule lã'pul
Hammer (für	le maillet (pour piquets)
Heringe)	lö ma'jä (pur pi'kä)
Handtuch	la serviette la ßär'wjät

31

Hauptsaison	la haute saison la ot ßä'sõ
Hausverwaltung	la gestion la schäß'tjõ
Hering	le piquet (de tente) lö pi'kä (dö tät)
Hotel	l'hôtel lo'täl
Hotelkärtchen	la carte de visite de l'hôtel
	la 'kart dö wi'sit dö lo'täl
Isomatte	le tapis de sol lö ta'pi dö ßɔl
Jugendherberge	l'auberge de jeunesse
	lo'bärschö dö schö'näß
Kaffeemaschine	la cafetière (électrique)
	la kaf'tjär (eläk'trik)
Kamin	la cheminée la schömi'ne
Kaminholz	le bois de chauffage
	lö boa dö scho'fasch
kaputt	cassé ka'ße
Kaution	la caution la ko'ßjõ
Kinderbett	le lit d'enfant lö li dã'fã
Kocher	le réchaud lö re'scho
Kühlschrank	le réfrigérateur lö refrischera'tör
Lampe	la lampe la lãp
Leihgebühr	le prix de la location
	lö pri dö la lɔka'ßjõ
Luftmatratze	le matelas pneumatique
	lö mat'la pnöma'tik
Matratze	le matelas lö mat'la
Miete	le loyer lö loa'je
mieten	louer lu'e
Moskitonetz	la moustiquaire la mußti'kär

32

Moskitospirale	la spirale anti-moustiques la ßpi'ral ätimuß'tik
Mülleimer	la poubelle la pu'bäl
Nachsaison	la basse saison la baß ßä'sõ
Notausgang	la sortie de secours la ßɔr'ti dö ßö'kur
Putzmittel	les produits de nettoyage le prɔ'düi dö netoa'jasch
Rechnung	la facture la fak'tür
reservieren	réserver resär'we
reserviert	réservé resär'we
Rezeption	la réception la reßäp'ßjõ
Safe	le coffre-fort lö 'kofrö fɔr
Schlafsaal	le dortoir lö dɔr'toar
Schlafsack	le sac de couchage lö ßak dö ku'schasch
Schlüssel	la clé la kle
schmutzig	sale ßal
Schrank	l'armoire lar'moar
Sessel	le fauteuil lö fo'töj
Sicherung	le fusible lö fü'siblö
Spannung, elektrische	le voltage lö wɔl'tasch
Spiegel	la glace la glaß
Steckdose	la prise (de courant) la pris (dö ku'rã)
Stecker	la fiche la fisch
Stuhl	la chaise la schäs

33

Swimmingpool	la piscine la pi'ßin
Terrasse	la terrasse la tä'raß
Tisch	la table la 'tablö
Toilette	les toilettes le toa'lät
Toilettenpapier	le papier hygiénique
	lö pa'pje ischje'nik
Trinkwasser	l'eau potable lo pɔ'tablö
Ventilator	le ventilateur lö wãtila'tör
Verlängerungskabel	la rallonge électrique
	la ra'lõsch_eläk'trik
Verlängerungs- woche	la semaine supplémentaire la ßö'män ßüplemã'tär
Voranmeldung	la réservation la resärwa'ßjõ
Vorsaison	l'avant-saison lawãßä'sõ
Waschbecken	le lavabo lö lawa'bo
waschen	laver la'we
Wäschetrockner	le sèche-linge lö ßäsch lẽsch
Waschmaschine	la machine à laver
	la ma'schin_a la'we
Waschmittel	la lessive la lä'ßiw
Waschraum	les lavabos le lawa'bo
Wasser	l'eau lo
Wasserhahn	le robinet lö rɔbi'nä
Wohnmobil	le camping-car lö kãping'kar
Wohnwagen	la caravane la kara'wan
Zelt	la tente la tãt
zelten	camper cã'pe
Zimmer	la chambre la 'schãbrö

Essen und Trinken

Speisekarte	36
Information	50
Bestellen	53
Reklamieren	57
Bezahlen	58
Mit Freunden essen	59

Speisekarte

■ Hors-d'œuvre

aspic d'anguille aß'pik dã'gij

avocat vinaigrette
awɔ'ka winä'grät

bouchée à la reine
bu'sche a la rän

charcuterie scharküt'ri

cœurs d'artichauts
kör darti'scho

crevettes krö'wät

crudités (variées)
krüdi'te (wa'rje)

foie gras foa gra

huîtres 'üitrö

jambon blanc schã'bõ blä

jambon cru schã'bõ krü

jambon fumé schã'bõ fü'me

melon mö'lõ

paté pa'te

pâté de foie gras en croûte
pa'te dö foa gra ã krut

pâté de foie haché fin
pa'te dö foa a'sche fẽ

pissenlits au lard
pißã'li o lar

■ Kalte Vorspeisen

Aal in Aspik

Avocado mit Sauce
Vinaigrette

Königinpastete

Aufschnittplatte

Artischockenherzen

Garnelen

Rohkostteller

Gänseleberpastete

Austern

gekochter Schinken

roher Schinken

geräucherter Schinken

Melone

Fleischpastete

Gänseleberpastete im
Brotteig

feine Leberwurst

Löwenzahnsalat mit
Speck

quiche lorraine	Lothringer Speckkuchen
kisch lɔ'rän	
rillettes	Schweinefleischpastete
ri'jät	im eigenen Fett
salade de concombres	Gurkensalat
ßa'lad dö kõ'kõbrö	
salade de tomates	Tomatensalat
ßa'lad dö tɔ'mat	
salade mixte ßa'lad 'mikßtö	gemischter Salat
salade niçoise	grüner Salat mit Tomaten,
ßa'lad ni'ßoas	Ei, Sardellen und Oliven
saucisson de campagne	grobe Leberwurst
ßoßi'ßõ dö kä'panj	
saumon fumé ßo'mõ fü'me	Räucherlachs
terrine de canard	Entenpastete
tä'rin dö ka'nar	
terrine du chef	Pastete nach Art des
tä'rin dü schäf	Hauses

◼ Entrées

◼ Warme Vorspeisen

crêpes kräp	dünne Pfannkuchen
croque-monsieur krɔkmö'ßjõ	Schinken-Käse-Toast
escargots äßkar'go	Weinbergschnecken
omelette ɔm'lät	Omelette
omelette au lard ɔm'lät__o lar	Omelette mit Speck

omelette aux champignons Omelette mit Pilzen
ɔm'lät‿o schäpi'njõ
omelette nature ɔm'lät na'tür Omelette natur
tarte à l'oignon tart‿a lɔ'njõ Zwiebelkuchen

■ Potages et soupes   ## ■ Suppen

bouillabaisse buja'bäß südfranzösische
  Fischsuppe
consommé kõßɔ'me Kraftbrühe
soupe à l'oignon gratinée Zwiebelsuppe mit
ßup‿a lɔ'njõ grati'ne Croûtons und Käse
  überbacken
soupe de poisson Fischsuppe
ßup dö poa'ßõ

■ Viandes   ## ■ Fleischgerichte

agneau a'njo Lamm
andouillette ãdu'jät Kuttelbratwurst
bifteck bif'täk Steak
bœuf böf Rindfleisch
bœuf bourguignon Rindergulasch in Rotwein
böf burgi'njõ
bœuf mode böf mɔd Schmorbraten
boudin noir bu'dẽ noar Blutwurst

cassoulet kaßu'lä	Eintopf aus weißen Bohnen, Gänse- und anderem Fleisch
côte kot	Rippchen, Kotelett
escalope panée äßka'lɔp pa'ne	Wiener Schnitzel
filet de bœuf fi'lä dö böf	Rinderfilet
gigot d'agneau ʒchi'go da'njo	Lammkeule
grillade gri'jad	Grillteller
jarret de veau ʒcha'rä dö wo	Kalbshaxe
lièvre 'ljäwrö	Hase
mouton mu'tõ	Hammelfleisch
paupiette (de veau) po'pjät (dö wo)	Kalbsroulade
pieds de cochon pje dö kɔ'schõ	Schweinsfüße
porc pɔr	Schweinefleisch
quenelles kö'näl	Fleisch- oder Fischklößchen
ris de veau ri dö wo	Kalbsbries
rôti ro'ti	Braten
sauté de veau ßo'te dö wo	Kalbsragout
selle d'agneau ßäl da'njo	Lammrücken
steak au poivre ßtäk o 'poawrö	Pfeffersteak
steak haché ßtäk_ a'sche	Hackbraten
tournedos turnö'do	Filetsteak
veau wo	Kalbfleisch

■ Volaille

blanc de poulet blã dö pu'lä
canard à l'orange
ka'nar_a lɔ'rãsch
confit de canard
kõ'fi dö ka'nar
coq au vin
kɔk_o wẽ
pintade pẽ'tad
poulet rôti pu'lä ro'ti

■ Poissons

anguille ã'gij
brandade brã'dad

brochet brɔ'schä
cabillaud kabi'jo
calmars frits kal'mar fri

carpe karp
colin ko'lẽ
églefin eglö'fẽ
friture fri'tür

■ Geflügel

Hühnerbrust
Ente mit Orange

im eigenen Fett
eingelegte Entenstücke
Hähnchen in Rot- oder
Weißweinsoße
Perlhuhn
Brathähnchen

■ Fisch

Aal
gekochter und pürierter
Stockfisch mit Sahne,
Olivenöl und Knoblauch
angemacht
Hecht
Kabeljau
gebackene
Tintenfischringe
Karpfen
Seehecht
Schellfisch
fritierte Fische

hareng saur a'rã ßɔr	Bückling
lotte lɔt	Seeteufel
morue mɔ'rü	Stockfisch
rouget ru'schä	Rotbarbe
saumon ßo'mõ	Lachs
sole ßɔl	Seezunge
thon tõ	Thunfisch
truite trüit	Forelle
truite au bleu trüit_o blö	Forelle blau
truite aux amandes et au beurre noir trüit os_a'mãd e o bör noar	Forelle mit Mandeln und brauner Butter
truite meunière trüit mö'njär	Forelle Müllerin
turbot tür'bo	Steinbutt

■ Coquillages et crustacés

■ Muscheln und Schalentiere

coquilles Saint-Jacques kɔ'kij ße'schak	Jakobsmuscheln
crabe krab	Krabbe
crevette krö'wät	Garnele
écrevisses ekrö'wiß	Flusskrebse
homard à l'armoricaine ɔ'mar a larmɔri'kän	Hummer in Stücken mit Weißwein
huîtres 'üitrö	Austern
langouste lã'gußtö	Languste

41

langoustines lãguß'tin	Scampi
moules frites mul frit	Miesmuscheln mit
	Pommes frites
plateau de fruits de mer	Meeresfrüchteplatte
pla'to dö früi dö mär	

■ Garnitures ## ■ Beilagen

pâtes pat	Nudeln
pommes de terre pɔm dö tär	Kartoffeln
pommes de terre sautées	Bratkartoffeln
pɔm dö tär ßo'te	
pommes de terre vapeur	Salzkartoffeln
pɔm dö tär wa'pör	
pommes frites pɔm frit	Pommes frites
riz ri	Reis

■ Légumes ## ■ Gemüse

artichauts arti'scho	Artischocken
asperges aß'pärschö	Spargel
aubergines obär'schin	Auberginen
carottes ka'rɔt	Möhren
champignons schäpi'njõ	Pilze
champignons de Paris	Champignons
schäpi'njõ dö pa'ri	
chou fleur schu flör	Blumenkohl

chou rave schu raw	Kohlrabi
choucroute schu'krut	Sauerkraut
choux de Bruxelles	Rosenkohl
schu dö brü'kßäl	
courgettes kur'schät	Zucchini
endives ã'diw	Chicorée
épinards epi'nar	Spinat
fenouil fö'nuj	Fenchel
gratin dauphinois	Kartoffelauflauf
gra'tẽ dofi'noa	
haricots blancs ari'ko blã	weiße Bohnen
haricots verts ari'ko wär	grüne Bohnen
macédoine de légumes	gemischtes Gemüse
maße'doan dö le'güm	
navets na'wä	weiße Rübchen
petits pois pö'ti poa	Erbsen
poivron poa'wrõ	Paprika
ratatouille	Gemüse aus Tomaten,
rata'tuj	Paprika, Auberginen usw.

■ Le mode de préparation

■ Zubereitungsart

à la broche a la brɔsch	am Spieß
(cuit) à la vapeur	gedämpft
(küi) a la wa'pör	
à l'étuvé a letü'we	gedünstet

43

bien cuit bjẽ küi	durchgebraten
cuit à l'eau küi a lo	gekocht
cuit au four küi o fur	gebacken
flambé flã'be	flambiert
fumé fü'me	geräuchert
gratiné grati'ne	überbacken
grillé gri'je	gegrillt
(fait) maison (fä) mä'sõ	hausgemacht
pané pa'ne	paniert
rôti ro'ti	geröstet

■ Fromages

■ Käse

bleu blö	Blauschimmelkäse
doux du	mild
fromage frɔ'masch	Käse
fromage au lait cru	Rohmilchkäse
frɔ'masch o lä krü	
fromage de brebis	Schafskäse
frɔ'masch dö brö'bi	
fromage de chèvre	Ziegenkäse
frɔ'masch dö 'schäwrö	
plateau de fromages	Käseplatte
pla'to dö frɔ'masch	

■ Desserts

■ Nachtisch

beignets aux pommes
bä'njä o pɔm
Apfelbeignets

charlotte schar'lɔt
gestürzte Süßspeise aus
likörgetränkten
Löffelbiskuits und
Vanillecreme

clafoutis aux cerises
klafu'ti o ßö'ris
Süßspeise aus
Eierkuchenteig und
Kirschen

coupe maison kup mä'sõ
Eisbecher nach Art des
Hauses

crème caramel
kräm kara'mäl
Karamellpudding

éclair e'klär
Liebesknochen

flan flã
Cremepudding

glace glaß
Eis

glace à la fraise glaß a la fräs
Erdbeereis

glace à la vanille
glaß a la wa'nij
Vanilleeis

glace au chocolat
glaß o schɔkɔ'la
Schokoladeneis

île flottante il flɔ'tãt
Eischnee auf Vanillesoße

macédoine de fruits
maße'doan dö früi
Obstsalat

meringue mö'rẽg
Baiser

parfait par'fä
Halbgefrorenes

■ Gâteaux et pâtisseries

baba au rhum ba'ba o rɔm

chausson aux pommes
scho'ßõ o pɔm
chou à la crème
schu a la kräm
mille-feuille mil'föj

profiteroles prɔfit'rɔl

religieuse röli'schjös

tarte Tatin
'tartõ ta'tẽ
tuiles aux amandes
tüil os‿a'mãd

■ Nachspeisen und Kuchen

mit Rum getränkter
Hefekuchen
Apfeltasche

Windbeutel

Blätterteiggebäck mit
Creme
kleine Windbeutel mit
Cremefüllung
Windbeutel mit Schoko-
laden- oder Mokkacreme
gestürzte Apfeltorte mit
Karamellguss
„Mandelziegel"-Gebäck

■ Vins

brut brüt
champagne schä'panj
cuvée du patron
kü'we dü pa'trõ
(demi-)sec (dömi)'ßäk

■ Wein

trocken (*Champagner*)
Champagner
Hauswein

(halb-)trocken

doux du	lieblich
porto pɔr'to	Portwein
vin blanc wɛ̃ blã	Weißwein
vin d'appellation contrôlée	Qualitätswein b.A.
wɛ̃ dapäla'ßjõ kõtro'le	
vin de pays wɛ̃ dö pä'i	Landwein
vin de table wɛ̃ dö 'tablö	Tafelwein
vin mousseux wɛ̃ mu'ßö	Schaumwein, Sekt
vin rosé wɛ̃ ro'se	Rosé
vin rouge wɛ̃ rusch	Rotwein

■ Apéritifs

■ Aperitifs

kir kir	Weißwein mit Johannisbeerlikör
kir royal kir roa'jal	Champagner mit Johannisbeerlikör
pastis paß'tiß	Anisschnaps

■ Autres boissons alcoolisées

■ Andere alkoholische Getränke

bière bjär	Bier
bière blonde bjär blõd	helles Bier
bière brune bjär brün	dunkles Bier
bière pression bjär prä'ßjõ	Bier vom Fass

bière sans alcool bjär ßäs__al'kɔl	alkoholfreies Bier
bitter bi'tär	Magenbitter
calvados kalwa'doß	Apfelschnaps
cassis ka'ßiß	Johannisbeerlikör
cidre 'ßidrö	Apfelwein
digestif dischäß'tif	Verdauungsschnaps
eau-de-vie od'wi	klarer Schnaps
marc mark	Trester

■ Boissons non alcoolisées

■ Alkoholfreie Getränke

citron pressé ßi'trõ pre'ße	Zitrone natur
eau minérale o mine'ral	Mineralwasser
eau minérale gazeuse o mine'ral ga'sös	Mineralwasser mit Kohlensäure
eau minérale non gazeuse o mine'ral nõ ga'sös	Mineralwasser ohne Kohlensäure
grenadine gröna'din	Granatapfelsirup mit Wasser
jus de pomme schü dö pɔm	Apfelsaft
jus de tomate schü dö tɔ'mat	Tomatensaft
jus d'orange schü dɔ'räsch	Orangensaft
limonade limɔ'nad	Limonade
menthe mãt	Pfefferminzsirup mit Wasser

■ Boissons chaudes

café ka'fe
café au lait ka'fe o lä
café crème
ka'fe kräm
café express ka'fe äkß'präß
chocolat chaud
schoko'la scho
infusion ẽfü'sjõ
infusion de tilleul
ẽfü'sjõ dö ti'jöl
infusion de verveine
ẽfü'sjõ dö wär'wän
thé te
thé au citron te o ßi'trõ
thé au lait te o lä

■ Heiße Getränke

Kaffee
Milchkaffee
Kaffee mit
aufgeschäumter Milch
Espresso
heiße Schokolade

Früchte- oder Kräutertee
Lindenblütentee

Eisenkrauttee

Tee
Tee mit Zitrone
Tee mit Milch

Information

Wo gibt es hier in der Nähe …

Où y a-t-il ici …
u ja_til i'ßi …

– ein Café?
– eine Kneipe?
– ein preiswertes Restaurant?
– ein typisches Restaurant?
– einen Schnellimbiss?

– un salon de thé ? ẽ ßa'lõ dö te?
– un bistrot ? ẽ biß'tro?
– un restaurant pas trop cher ?
  ẽ räßto'rã pa tro schär?
– un restaurant typique ?
  ã räßto'rã ti'pik?
– un snack? ẽ ßnak?

Info Eine crêperie finden Sie nicht nur in der Bretagne oder Normandie, sondern mittlerweile in allen touristischen Orten. Hier essen Sie crêpes (*süße, dünne Pfannkuchen*) und galettes (*Pfannkuchen aus Buchweizen mit herzhafter Füllung*). Dazu gibt's cidre (*Apfelwein*). Unter auberge versteht man in Frankreich fast immer ein Restaurant, selten ein Hotel. Es ist rustikal, oft ziemlich teuer und mit vielen Michelin- oder Gault-Millau-Sternen ausgezeichnet.
In einigen Regionen, z. B. im Elsass, gibt es fermes-auberges, die regionale Spezialitäten in einem ländlichen Rahmen anbieten. Man kann dort bisweilen auch übernachten.

Info

Im café bekommen Sie vor allem Getränke; essen kann man hier Chips, Erdnüsse, Sandwiches, croque-monsieur (*Schinken-Käse-Toast*) oder croque-madame (*Hawaiitoast*). Morgens können Sie auch ein französisches Frühstück bekommen: Kaffee, Tee oder Kakao, dazu croissants oder tartines (*Baguette mit Butter und Marmelade*).

Im café-bar gibt es oft nur ein paar Tische. Meistens steht man an der Bar. Wenn dort auch Zigaretten verkauft werden, heißt es café-bar-tabac. Als Zeichen hängt draußen vor der Tür eine große rote Zigarre. Eine weitere Variante ist der bar-tabac, kurz le tabac genannt: Hier gibt's nur einen Tresen, an dem man sein allabendliches Gläschen Rotwein trinken kann. Man kann Zigaretten kaufen, oft Zeitungen und Zeitschriften sowie Telefonkarten (*télécartes*), manchmal auch Postkarten und Briefmarken.

Der salon de thé entspricht ungefähr einem deutschen Café; Sie bekommen dort Kaffee und Kuchen, Torten, Tee, Kakao und Eisbecher.

Einen Tisch für ... Personen bitte.	Une table pour ... personnes, s'il vous plaît. ün 'tablö pur ... pär'ßɔn, ßil wu plä.
Ich möchte einen Tisch für *zwei / sechs* Personen um ... Uhr reservieren.	Je voudrais réserver une table pour *deux / six* personnes pour ... heures. schö wu'drä resär'we ün 'tablö pur *dö / ßi* pär'ßɔn pur ... ör.

51

Wir haben einen Tisch für … Personen reserviert (auf den Namen …).	Nous avons réservé une table pour … personnes (au nom de …). nus _a'wõ resär'we ün 'tablö pur … pär'ßon (o nõ dö …).
Ist dieser *Tisch / Platz* noch frei?	Est-ce que cette *table / place* est libre ? äß_kö ßät *'tablö / plaß* ä 'librö?

Info

Im café-restaurant kann man trinken und/oder essen. Oft gibt es einen separaten Speiseraum. Bedienung und Einrichtung sind einfach, Speisen und Getränke preisgünstig.

Das bistrot ist ein kleineres café, das meistens viel Atmosphäre hat. In den Pariser bistrots à vin können Sie verschiedene Weine kosten; damit Sie das nicht nüchtern tun müssen, gibt es hier auch einige (regionale) Gerichte wie steaks, bœuf bourguignon usw.

Wer in Frankreich das Bier vermisst, sollte eine brasserie aufsuchen. Bestellen Sie un demi pression (*1/4 l Bier vom Fass*) oder un bock (*1/8 l*). Im Gegensatz zum café können Sie hier auch ganze Gerichte und Menüs essen.

Das menu brasserie ist durchaus zu vergleichen mit dem Menü eines restaurant. Eine Spezialität ist die assiette anglaise, eine Platte mit charcuterie (*Aufschnitt*) und crudités (*Rohkost*). Die Einrichtung ist meist ebenso einfach wie die eines café: kleine Tische mit Tischdecken und Servietten aus Papier.

| Entschuldigung, wo sind hier die Toiletten? | Pardon, où sont les toilettes, ici ? par'dõ, u ßõ le toa'lät, i'ßi? |

➡ *für die Antwort: Richtungsangaben, Seite 70*

Info Im café können Sie sich ruhig zu anderen Gästen an den Tisch setzen. Im restaurant ist das nicht üblich: Hier sollten Sie warten, bis die Bedienung Ihnen einen Tisch zuweist.

Bestellen

Ist hier Selbstbedienung?	Est-ce libre-service ici? äß librößär'wiß i'ßi?
Die Karte bitte.	La carte, s'il vous plaît. la 'kartö, ßil wu plä.
Haben Sie die Speisekarte auch auf *Deutsch / Englisch*?	Vous avez aussi la carte en *allemand / anglais*? wus_a'we o'ßi la kart ān_al'mã / ã'glä?
Ich möchte nur eine Kleinigkeit essen.	Je voudrais seulement manger un petit quelque chose. schö wu'drä ßöl'mã mã'sche ē pö'ti kälkö schos.

Gibt es jetzt noch etwas Warmes zu essen?	Est-ce qu'on peut encore avoir quelque chose de chaud à manger ? äß_ kõ pö ã'kɔr a'woar kälkö schos dö scho a mã'sche?
Ich möchte nur etwas trinken.	Je voudrais seulement boire quelque chose. schö wu'drä ßöl'mã boar kälkö schos.
Que désirez-vous boire ? kö desire'wu boar?	Was möchten Sie trinken?

Ich möchte …	Je voudrais … schö wu'drä …
– ein Glas Rotwein.	– un verre de vin rouge. ẽ wär dö wẽ rusch.
– eine Flasche Weißwein.	– une bouteille de vin blanc. ün bu'täj dö wẽ blã.
– einen (halben) Liter Hauswein.	– un (demi) litre de vin maison. ẽ (dö'mi) 'litrö dö wẽ mä'sõ.
– ein Viertel Rosé.	– un quart de rosé. ẽ kar dö ro'se.
– ein Bier.	– une bière. ün bjär.
– eine Karaffe Wasser.	– une carafe d'eau. ün ka'raf do.
– noch etwas Brot.	– encore un peu de pain. ã'kɔr ẽ pö dö pẽ.
– eine *kleine / große* Flasche Mineralwasser.	– une *petite / grande* bouteille d'eau minérale. ün *pö'tit / grãd* bu'täj do mine'ral.

54

Haben Sie auch offenen Wein?	Avez-vous aussi du vin en carafe? awe'wu o'ßi dü wē ã ka'raf?
Que désirez-vous manger? kö desi-re'wu mã'sche?	Was möchten Sie essen?
Ich möchte …	Je voudrais … schö wu'drä …
– das Menü zu … Euro.	– le menu à … euros. lö mö'nü a … ö'ro.
– eine Portion …	– une portion de … ün pɔr'ßjõ dö …
– ein Stück …	– une part de … ün par dö …
Was empfehlen Sie mir?	Que me recommandez-vous? kö mö rökɔmãde'wu?
Was ist heute das Tagesgericht?	Quel est le plat du jour? käl ä lö pla dü schur?
Was sind die Spezialitäten aus dieser Region?	Quelles sont les spécialités de la région? käl ßõ le ßpeßjali'te dö la re'schjõ?
Haben Sie …	Avez-vous … awe'wu …
– diabetische Kost?	– des plats pour diabétiques? de pla pur djabe'tik?
– Diätkost?	– des plats de régime? de pla dö re'schim?
– vegetarische Gerichte?	– des plats végétariens? de pla wescheta'rjë?

55

Ist … in dem Gericht? Ich darf das nicht essen.	Est-ce qu'il y a … dans ce plat ? Je n'ai pas le droit d'en manger. äß_kil_ja … dã ßö pla? schö nä pa lö droa dã mã'sche.
Für mich bitte ohne …	Pour moi sans …, s'il vous plaît. pur moa ßã …, ßil wu plä.
Comme entrée / dessert, qu'est-ce que vous prenez ? kɔm ã'tre / de'ßär, käß_kö wu prö'ne?	Was nehmen Sie als Vorspeise / Nachtisch?
Danke, ich nehme keine Vorspeise / keinen Nachtisch.	Merci, je ne prends pas d'entrée / de dessert. mär'ßi, schö nö prã pa dã'tre / dö de'ßär.
Könnte ich … statt … haben?	Est-ce que je pourrais avoir … au lieu de … ? äß_kö schö pu'rä a'woar … o ljö dö …?
Comment désirez-vous votre steak ? kɔ'mã desire'wu 'wɔtrö ßtäk?	Wie möchten Sie Ihr Steak?
Englisch.	Saignant. ßä'njã.
Medium.	A point. a poë.
Gut durchgebraten.	Bien cuit. bjë küi.

Reklamieren

Das habe ich nicht bestellt. Ich wollte …	Ce n'est pas ce que j'ai commandé. Je voulais … ßö nä pa ßö kö schä kɔmã'de. schö wu'lä …
Haben Sie unser … vergessen?	Vous avez oublié notre … ? wus_a'we ubli'je 'nɔtrö …?
Hier fehlt noch …	Ici, il manque encore … i'ßi, il mãk ã'kɔr …
Bitte bringen Sie mir noch …	Apportez-moi encore …, s'il vous plaît. apɔrte'moa ã'kɔr …, ßil wu plä.
Das Essen ist *kalt / versalzen*.	Le repas est *froid / trop salé*. lö rö'pa ä *froa / tro ßa'le*.
Das Fleisch ist nicht genug gebraten.	La viande n'est pas assez cuite. la wjäd nä pas_a'ße küit.
Das Fleisch ist zäh.	La viande est dure. la wjäd ä dür.
Bitte nehmen Sie es zurück.	Remportez cela, s'il vous plaît. rãpɔr'te ßö'la, ßil wu plä.
Bitte holen Sie den Chef.	Allez chercher le chef s'il vous plaît. a'le schär'sche lö schäf ßil wu plä.

➡ *zu Lob: Gefallen und Missfallen, Seite 15*

Bezahlen

Die Rechnung bitte! L'addition, s'il vous plaît !
ladi'ßjõ, ßil wu plä!

Ich möchte eine Je voudrais une facture, s'il vous
Quittung bitte. plaît. schö wu'drä ün fak'tür,
ßil wu plä.

Info In Frankreich zahlt man grundsätzlich zusammen.
Wer die eher deutsche Sitte des getrennten
Bezahlens beibehalten will, muss das ausdrücklich sagen:
Nous voudrions payer séparément. Die Rechnung wird sehr
diskret überreicht, zusammengefaltet, auf einem Tellerchen,
manchmal auch zugedeckt von einer Serviette.

Wir möchten Nous voudrions payer séparément.
getrennt bezahlen. nu wudri'jõ pä'je ßepare'mã.

Bitte alles Une seule addition, s'il vous plaît.
zusammen. ün ßöl adi'ßjõ, ßil wu plä.

Vous êtes satisfaits ? Hat es Ihnen geschmeckt?
wus＿ät ßatiß'fä?

➡ *zu Lob: Gefallen und Missfallen, Seite 15*

Sagen Sie bitte Faites mes compliments au chef.
dem Koch mein fät me kõpli'mã o schäf.
Kompliment!

Ich glaube, hier stimmt etwas nicht.	A mon avis, il y a une erreur. a mõn_a'wi, il_ja ün_ä'rör.
Rechnen Sie es mir bitte vor.	Vous pourriez me refaire le compte, s'il vous plaît ? wu pu'rje mö rö'fär lö kõt, ßil wu plä?
Es stimmt so.	Ça va comme ça. ßa wa kɔm ßa.
Vielen Dank.	Merci beaucoup. där'ßi bo'ku.

Mit Freunden essen

Guten Appetit!	Bon appétit ! bɔn_ape'ti!
Danke, gleichfalls!	Merci, *vous / toi* de même. där'ßi, *wu / toa* dö mäm.
Zum Wohl!	Santé ! ßã'te!
Vous aimez / Tu aimes ça ? *wus_ä'me / tü äm* ßa?	Schmeckt es *Ihnen / dir*?
Danke, sehr gut.	Merci, c'est très bon. där'ßi, ßä trä bõ.
Encore un peu de … ? ã'kɔr ẽ pö dö …?	Noch etwas …?

Ja, gerne.	Oui, volontiers. ui, wɔlõ'tje.
Danke, ich bin satt.	Je n'ai plus faim, merci. schö nä plü fē, mär'ßi.
Was ist das?	Qu'est-ce que c'est ? käß__kö ßä?
Würden Sie mir bitte … reichen?	Vous pourriez me passer …, s'il vous plaît ? wu pu'rje mö pa'ße …, ßil wu plä?
Ich möchte keinen Alkohol trinken.	Pas d'alcool pour moi, merci. pa dal'kɔl pur moa, mär'ßi.
Danke für die Einladung.	Merci pour l'invitation. mär'ßi pur lēwita'ßjõ.
Ich möchte *Sie* / *dich* einladen.	J'aimerais *vous inviter* / *t'inviter*. schäm'rä *wus__ēwi'te* / *tēwi'te*.
Es war ausge-zeichnet.	C'était excellent. ße'tät__äkße'lã.

➡ *Bitte und Dank, Seite 16*

Bitte und Dank, Seite 16

Weitere Wörter

Abendessen	le dîner lö di'ne
Aschenbecher	le cendrier lö ßãdri'je
Bedienung	le service lö ßär'wiß
Beilage	la garniture la garni'tür

Besteck	les couverts le ku'wär
bestellen	commander kɔmã'de
bezahlen	payer pä'je
getrennt bezahlen	payer, séparément pä'je, ßepare'mã
zusammen bezahlen	payer, ensemble pä'je, ã'ßäblö
Brot	le pain lö pẽ
Brot, belegtes	le sandwich lö ßã'duitsch
Brötchen	le petit pain lö pö'ti pẽ
Butter	le beurre lö bör
Diät	le régime lö re'schim
durstig sein	avoir soif a'woar ßoaf
essen	manger mã'sche
Essen	le repas lö rö'pa
Essig	le vinaigre lö wi'nägrö
fett	gras, f: grasse gra, graß
Flasche	la bouteille la bu'täj
Fleisch	la viande la wjäd
frisch	frais, f: fraîche frä, fräsch
Frühstück	le petit déjeuner lö pö'ti deschö'ne
frühstücken	prendre le petit déjeuner 'prãdrö lö pö'ti deschö'ne
Gabel	la fourchette la fur'schät
Gang	le plat lö pla
Gebäck	les gâteaux secs le ga'to ßäk
Gedeck	le couvert lö ku'wär
Gericht	le plat lö pla

Getränk	la boisson la boa'ßõ
gewürzt	assaisonné aßäsɔ'ne
Glas	le verre lö wär
Gräte	l'arête la'rät
Hauptgericht	le plat de résistance
	lö pla dö resiß'täß
hausgemacht	(fait) maison (fä) mä'sõ
heiß	chaud scho
hungrig sein	avoir faim a'woar fë
Joghurt	le yaourt lö ja'urt
Kakao	le cacao lö kaka'o
kalt	froid froa
Käse	le fromage lö frɔ'masch
Kellner	le garçon lö gar'ßõ
Kellnerin	la serveuse la ßär'wös
Ketchup	le ketchup lö kät'schöp
Kneipe	le bistrot lö biß'tro
Knoblauch	l'ail laj
Kuchen	le gâteau lö ga'to
Löffel	la cuillère la küi'jär
mager	maigre 'mägrö
Margarine	la margarine la marga'rin
Marmelade	la confiture la kõfi'tür
Mayonnaise	la mayonnaise la majɔ'näs
Menü	le menu lö mö'nü
Messer	le couteau lö ku'to
Mineralwasser mit	l'eau minérale gazeuse
Kohlensäure	lo mine'ral ga'sös

Mineralwasser ohne Kohlensäure	l'eau minérale non-gazeuse lo mine'ral nõ ga'sös
Mittagessen	le déjeuner lö deschö'ne
Nachtisch	le dessert lö de'ßär
Obst	les fruits le früi
Öl	l'huile lüil
Pfeffer	le poivre lö 'poawrö
Pizza	la pizza la pi'dsa
Portion	la portion la pɔr'ßjõ
Restaurant	le restaurant lö räßto'rã
Rindfleisch	le bœuf lö böf
roh	cru krü
Rohkost	les crudités le krüdi'te
Sahne	la crème chantilly la kräm schäti'ji
Salat	la salade la ßa'lad
Salatsoße	la vinaigrette la wine'grät
Salz	le sel lö ßäl
Salzstreuer	la salière la ßa'ljär
satt sein	ne plus avoir faim nö plüs_a'woar fẽ
sauer	aigre 'ägrö
scharf	épicé epi'ße
schmecken	être bon 'äträ bõ
Schonkost	la cuisine diététique la küi'sin djete'tik
Senf	la moutarde la mu'tardö
Serviette	la serviette la ßär'wjät
Soße	la sauce la ßoß

63

Spezialität	la spécialité la ßpeßjali'te
Stück	le morceau lö mɔr'ßo
Stuhl	la chaise la schäs
Suppe	le potage lö pɔ'tasch
süß	sucré ßü'kre
Süßstoff	la saccharine la ßaka'rin
Tasse	la tasse la taß
Tee	le thé lö te
Teelöffel	la cuillère à café la küi'jär__a ka'fe
Teller	l'assiette la'ßjät
Tisch	la table la 'tablö
trinken	boire boar
Trinkgeld	le pourboire lö pur'boar
vegetarisch	végétarien wescheta'rjё
Vorspeise	l'entrée lã'tre
Zahnstocher	le cure-dents lö kür'dã
Zucker	le sucre lö 'ßükrö

Unterwegs

Grenze	66	Öffentlicher Nahverkehr	90
Fragen nach dem Weg	68	Taxi	93
Flugzeug	71	Per Anhalter	94
Zug	72		
Überlandbus	76		
Schiff	77		
Auto, Motorrad	80		

Grenze

Votre *passeport / carte d'identité*, s'il vous plaît. 'wɔtrö *paß'pɔr / 'kartö didāti'te*, ßil wu plä.

Ihren *Pass / Personalausweis*, bitte.

Votre passeport est périmé. 'wɔtrö paß'pɔr ä peri'me.

Ihr Pass ist abgelaufen.

Vous avez un visa ? wus _ a'we ē wi'sa?

Haben Sie ein Visum?

Wo kann ich ein Visum bekommen?

Oú est-ce que je peux obtenir un visa ? u äß _ kö schö pö ɔptö'nir ē wi'sa?

Avez-vous quelque chose à déclarer ? awe'wu kälkö schos _ a dekla're?

Haben Sie etwas zu verzollen?

Vous devez le déclarer. wu dö'we lö dekla're.

Das müssen Sie verzollen.

Ausweis	la pièce d'identité la pjäß didãti'te
EU-Bürger	le citoyen de l'Union européenne
	lö ßi'toajë dö 'lüniõ örɔ'peän
Fahrzeugpapiere	les papiers de la voiture
	le pa'pje dö la woa'tür
Familienname	le nom de famille lö nõ dö fa'mij
Führerschein	le permis de conduire
	lö pär'mi dö kõ'düir
Grenze	la frontière la frõ'tjär
gültig	valable wa'lablö
Impfpass	le carnet de vaccinations
	lö kar'nä dö wakßina'ßjõ
internationaler	le permis de conduire international
Führerschein	lö pär'mi dö kõ'düir
	ëtärnaßjɔnal
Mehrwertsteuer	la TVA la tewe'a
Nationalitäts-	la vignette de nationalité
kennzeichen	la wi'njät dö naßjɔnali'te
Nummer	le numéro lö nüme'ro
Papiere	les papiers le pa'pje
Pass	le passeport lə paß'pɔr
Personalausweis	la carte d'identité
	la 'kartö didãti'te
Quittung	le reçu lö rö'ßü
Rechnung	la facture la fak'tür

67

Reisegruppe	le groupe (de touristes)
	lö grup (dö tu'rißt)
Staatsangehörigkeit	la nationalité la naßjonali'te
ungültig	pas valable pa wa'lablö
Unterschrift	la signature la ßinja'tür
grüne Ver-	la carte verte
sicherungskarte	la 'kartö 'wärtö
verzollen	déclarer dekla're
Wohnort	le domicile lö domi'ßil
Zoll	la douane la duan
Zollerklärung	la déclaration de douane
	la deklara'ßjö dö duan

Fragen nach dem Weg

Entschuldigung, wo ist …?	Pardon, où est … ? par'dõ, u ä …?
Wie komme ich *nach / zu* …?	Pour aller à … ? pur a'le a …?
Können Sie mir das bitte auf der Karte zeigen?	Vous pouvez me le montrer sur la carte, s'il vous plaît ? wu pu'we mö lö mõ'tre ßür la 'kartö, ßil wu plä?
Ist das die Straße nach …?	C'est bien la route pour … ? ßä bjë la rut pur …?

Wie viele Minuten *zu Fuß / mit dem Auto*?	C'est à combien de minutes *à pied / en voiture* ? Bät__a kõ'bjë dö mi'nüt__*a pje / ã woa'tür*?
Wie komme ich zur Autobahn nach …?	Comment arriver sur l'autoroute pour … ? kɔ'mã ari'we ßür loto'rut pur …?
Je suis désolé, je ne sais pas. schö ßüi deso'le, schö nö ßä pa.	Tut mir leid, das weiß ich nicht.
Au prochain *feu / croisement* … o prɔ'schẽ *fö / croas'mã* …	An der nächsten *Ampel / Kreuzung* …
La première / seconde rue à gauche / droite. la *prö'mjär / dö'sjãm* rü a *gosch / droat*.	Die *erste / zweite* Straße *links / rechts*.

➡ Richtungsangaben, Seite 70

| Vous pouvez prendre *le bus / le métro*. wu pu'we 'prãdrö *lö büß / lö me'tro*. | Sie können *den Bus / die U-Bahn* nehmen. |

Richtungsangaben

Ampel	le feu lö fö
dort	là-bas la'ba
dort hinten	par là par la
gegenüber	en face de ã faß dö
geradeaus	tout droit tu droa
hier	ici i'ßi
hier entlang	par ici par i'ßi
hinter	derrière där'jär
Kreuzung	le croisement lö kroas'mã
Kurve	le virage lö wi'rasch
(nach) links	à gauche a gosch
(nach) rechts	à droite a droat
nahe bei	près de prä dö
neben	à côté de a ko'te dö
nicht weit	pas loin pa loë
Straße	la rue la rü
die Treppen herauf	en montant les escaliers ã mõ'tã les_eßka'lje
die Treppen herunter	en descendant les escaliers ã deßã'dã les_eßka'lje
vor	devant dö'wã
ziemlich weit	assez loin a'ße loë
zurück	en arrière ãn_a'rjär

Flugzeug

Wo ist der Schalter der Fluggesellschaft …?
Où est le guichet de la compagnie aérienne … ? u ä lö gi'schä dö la kõpa'nji ae'rjän …?

Wie viel kostet ein Flug nach …?
Combien coûte un vol pour … ? kõ'bjё kut ё wɔl pur …?

Bitte ein Flugticket …
Un billet …, s'il vous plaît. ё bi'jä …, ßil wu plä.

– einfach.
– aller simple a'le 'ßёplö

– hin und zurück.
– aller-retour a'le rö'tur

– Businessclass.
– en classe affaires ã klaß a'fär

Ich hätte gerne einen Fensterplatz / Gangplatz.
Je voudrais une place côté fenêtre / côté couloir. schö wu'drä ün plaß ko'te fö'nätrõ / ko'te ku'loar.

Ich möchte meinen Flug …
Je voudrais … mon vol. schö wu'drä … mõ wɔl.

– bestätigen lassen.
– reconfirmer rökõfir'me

– stornieren.
– annuler anü'le

– umbuchen.
– modifier mɔdi'fje

Können Sie mir beim Einchecken am Check-in-Automaten helfen?
Pouvez-vous m'aider à m'enregistrer à une borne d'enregistrement automatique? puwe'wu mä'de a märöschiß'tre a ün bɔrn däröschißtrö'mã otoma'tik?

Zug

Der TGV (Train à grande vitesse) entspricht ungefähr dem deutschen ICE. Er ist *zuschlagpflichtig* (train à supplément) und *platzkartenpflichtig* (réservation obligatoire). Reservierungen sind hier also erforderlich.

Wo finde ich die *Gepäckaufbewahrung / Schließfächer*?	*Où est la consigne / consigne automatique* ? u ä la *kõ'ßinj / kõ'ßinj ɔtɔma'tik*?
Wann fährt ein Zug nach …?	*Quand y a-t-il un train pour …* ? kã ja'til ē trē pur …?
Wann fährt der nächste Zug nach …?	*A quelle heure part le prochain train pour …* ? a käl_ör par lö prɔ'schē trē pur …?
Wann ist er in …?	*A quelle heure arrive-t-il à …* ? a käl_ör a'riw_til a …?
Muss ich umsteigen?	*Je dois changer* ? schö doa schä'sche?
Von welchem Gleis fährt der Zug nach … ab?	*De quel quai part le train pour …* ? dö käl kä par lö trē pur …?
Was kostet eine Fahrkarte nach …?	*Combien coûte un billet pour …* ? kõ'bjē kut ē bi'jä pur …?

Gibt es eine Ermäßigung für …?	Est-ce qu'il y a une réduction pour … ? äß_kil_ja ün redük'ßjõ pur …?
Ist dieser Zug zuschlagpflichtig?	Est-ce que ce train est à supplément? äß_kö ßö trä ät_a ßüple'mä?
Nach … bitte eine Karte …	Pour …, s'il vous plaît, un billet … pur …, ßil wu plä, ē bi'jä …
– einfach.	– aller simple. a'le 'ßēplö.
– hin und zurück.	– aller-retour. a'le rö'tur.
– für Kinder.	– pour enfants. pur ã'fã.
Bitte eine Platzkarte für den Zug um … Uhr nach …	Une réservation sur le train de … pour …, s'il vous plaît. ün resärwa'ßjõ ßür lö trä dö … pur …, ßil wu plä.
Ich hätte gerne einen Fensterplatz / einen Platz am Gang.	Je voudrais une place côté fenêtre / côté couloir. schö wu'drä ün plaß ko'te fö'nätr / ko'te ku'loar.
Kann man im Zug etwas zu essen und zu trinken kaufen?	Est-ce qu'on peut acheter quelque chose à manger et à boire dans le train ? äß_kõ pö asch'te kälkö schos_a mã'sche e a boar dã lö trä?
Wie viele Stationen sind es noch bis …?	Combien y a-t-il encore d'arrêts jusqu'à … ? kõ'bjä ja_til ã'kor da'rä schüßka …?

In Frankreich müssen Sie die Fahrkarte vor Fahrtbeginn immer entwerten. *Entwerter* composteurs stehen am Eingang zu den Bahnsteigen.

Ich möchte mein Fahrrad mitnehmen.	Je voudrais emporter mon vélo. schö wuʹdrä äpɔrʹte mõ weʹlo.
Ist dies der Zug nach …?	C'est le train pour … ? ßä lö trä pur …?
Ist dieser Platz frei?	Cette place est libre ? ßät plaß ä ʹlibrö?
Entschuldigen Sie, das ist mein Platz.	Excusez-moi, c'est ma place. äkßküseʹmoa, ßä ma plaß.
Können Sie mir bitte helfen?	Est-ce que vous pouvez m'aider, s'il vous plaît ? äß‿kö wu puʹwe mäʹde, ßil wu plä?
Wie lange haben wir Aufenthalt?	Combien de temps dure l'arrêt ? köʹbjë dö tã dür laʹrä?
Darf ich das Fenster öffnen / schließen?	Vous permettez que j'ouvre / je ferme la fenêtre ? wu pärmäʹte kö ʹschuwrö / schö ʹfärmö la föʹnätrö?
Erreiche ich den Zug nach … noch?	Est-ce que j'aurai le train pour … ? äß‿kö schoʹrä lö trä pur?

Weitere Wörter

Abfahrt	le départ lö de'par
ankommen	arriver ari'we
Ankunft	l'arrivée lari'we
Anschluss	la correspondance la kɔräßpõ'dãß
Ausgang	la sortie la ßɔr'ti
aussteigen	descendre de'ßãdrö
Bahnhof	la gare la gar
Bahnsteig	le quai lö kä
besetzt	occupé ɔkü'pe
einsteigen	monter mõ'te
Fahrplan	l'horaire lɔ'rär
Fahrpreis	le prix du billet lö pri dü bi'jä
Fensterplatz	la place côté fenêtre
	la plaß ko'te fö'nätrö
Gepäckwagen	le wagon à bagages
	lö wa'gõ a ba'gasch
Gleis	la voie la woa
Klasse	la classe la klaß
Liegewagen	la voiture-couchettes
	la woa'tür ku'schät
Nichtraucherabteil	le compartiment non-fumeurs
	lö kõparti'mã nõfü'mör
Raucherabteil	le compartiment fumeurs
	lö kõparti'mã fü'mör
reserviert	réservé resär'we

75

Schaffner	le contrôleur lö kõtro'lör
Schlafwagen	le wagon-lit lö wagõ'li
Schließfächer	les casiers le ka'sje
Speisewagen	le wagon-restaurant lö wa'gõ räßto'rã
umsteigen	changer de train schã'sche dö trẽ
Waggon	la voiture la woa'tür
Zuschlag	le supplément lö ßüple'mã

Überlandbus

Wie komme ich zum Busbahnhof?	Comment est-ce que je peux faire pour aller à la gare routière ? ko'mã äß_kö schö pö fär pur a'le a la gar ru'tjär?
Wann fährt der nächste Bus nach … ab?	Quand part le prochain car pour … ? kã par lö pro'schẽ kar pur …?
Ist dies der Bus nach …?	Est-ce que c'est le bus pour …? äß_kö ßä lö büß pur …?
Bitte *eine Karte / zwei Karten* nach …	*Un ticket / Deux tickets* pour …, s'il vous plaît. ẽ ti'kä / dö ti'kä pur …, ßil wu plä.
Wie lange haben wir Aufenthalt?	Combien de temps dure l'arrêt ? kõ'bjẽ dö tã dür la'rä?

76

Wie lange dauert die Fahrt?	Combien de temps dure le voyage ? kõ'bjē dö tã dür lö woa'jasch?
Ist … die Endhaltestelle?	Est-ce que … est le terminus ? äß_kö … ä lö tärmi'nüß?
Sagen Sie mir bitte, wo ich aussteigen muss?	Pouvez-vous me dire où je dois descendre ? puwe'wu mö dir u schö doa de'ßãdrö?

Schiff

Wann fährt *das nächste Schiff / die nächste Fähre* nach … ab?	Quand part *le prochain bateau / le prochain ferry* pour … ? kã par lö prɔ'schē ba'to / lö prɔ'schē fe'ri pur …?
Wie lange dauert die Überfahrt nach …?	Combien de temps dure la traversée pour … ? kõ'bjē dö tã dür la trawär'ße pur …?
Wann legen wir in … an?	Quand est-ce qu'on accoste à … ? kãt_äß_kõn_a'kɔßt_a …?
Wann müssen wir an Bord sein?	Quand devons-nous être à bord ? kã döwõ'nu ätr_a bɔr?
Haben Sie ein Mittel gegen Seekrankheit?	Vous avez un remède contre le mal de mer ? wus_a'we ē rö'mäd 'kõtrö lö mal dö mär?

Ich möchte eine Schiffskarte *erster Klasse / Touristenklasse* nach …	Je voudrais un billet de bateau en *première classe / classe touriste* pour … schö wu'drä ē bi'jä dö ba'to ã *prö'mjär klaß / klaß tu'rißtö* pur …
Ich möchte …	Je voudrais … schö wu'drä …
– eine Einzelkabine.	– une cabine individuelle. ün ka'bin ēdiwidü'äl.
– eine Zweibettkabine.	– une cabine à deux places. ün ka'bin‿a dö plaß.
– eine Außenkabine.	– une cabine extérieure. ün ka'bin äkßte'rjör.
– eine Innenkabine.	– une cabine intérieure. ün kabin ēte'rjör.
Ich möchte eine Karte für die Rundfahrt um … Uhr.	Je voudrais un billet pour l'excursion de … heures. schö wu'drä ē bi'jä pur läkßkür'ßjö dö … ör.
Ich suche die Kabine Nummer …	Je cherche la cabine numéro … schö 'schärschö la ka'bin nüme'ro …
Kann ich eine andere Kabine bekommen?	Est-ce que je pourrais changer de cabine ? äß‿kö schö pu'rä schã'sche dö ka'bin?

Anlegestelle	le point d'accostage
	lö poë dakɔß'tasch
Autofähre	le car-ferry lö karfe'ri
Deck	le pont lö põ
Decke	la couverture la kuwär'tür
Kapitän	le capitaine lö kapi'tän
Klimaanlage	la climatisation la klimatisa'ßjõ
Kreuzfahrt	la croisière la kroa'sjär
Küste	la côte la kot
Landausflug	l'excursion à terre
	läkßkür'ßjõ a tär
Liegestuhl	la chaise longue la schäs lõg
Meer	la mer la mär
Rettungsboot	l'embarcation de sauvetage
	lãbarka'ßjõ dö ßow'tasch
Rettungsring	la bouée de sauvetage
	la bu'e dö ßow'tasch
Schiff	le bateau lö ba'to
Schiffsagentur	l'agence maritime
	la'schäß mari'tim
Schiffsarzt	le médecin de bord
	lö med'ßë dö bɔr
Schwimmweste	le gilet de sauvetage
	lö schi'lä dö ßow'tasch
Seegang	la mer agitée la mär aschi'te

79

Auto, Motorrad

Vermietung

Ich möchte … mieten.
Je voudrais louer …
schö wu'drä lu'e …

– ein Auto (mit Automatik)
– une voiture (à embrayage automatique). ün woa'tür (a äbrä'jasch ɔtɔma'tik).

– einen Geländewagen
– un quatre-quatre. ē kat'katrö.

– ein Motorrad
– une moto. ün mo'to.

– ein Wohnmobil
– un camping-car. ē käping'kar.

Welchen Treibstoff braucht das Auto?
Quelle sorte de carburant est-ce que la voiture consomme ? käl 'ßɔrtö dö karbü'rã äß_kö la woa'tür kõ'ßɔm?

Ich möchte es für … mieten.	Je voudrais la louer pour … schö wu'drä la lu'e pur …
– morgen	– demain. dö'mē.
– einen Tag	– une journée. ün schur'ne.
– zwei Tage	– deux jours. dö schur.
– eine Woche	– une semaine. ün ßö'män.

Wie viel kostet das? Combien ça coûte ? kõ'bjē ßa kut?

Wie viele Kilometer sind im Preis enthalten? Combien de kilomètres sont inclus dans le prix ? kõ'bjē dö kilɔ'mätrö ßõt_ē'klü dã lö pri?

Ist eine Vollkasko-versicherung eingeschlossen? L'assurance tous risques est comprise ? laßü'rãß tu rißk ä kõ'pris?

Kann ich das Auto auch in … abgeben? Je peux aussi restituer la voiture à … ? schö pö o'ßi räßtitü'e la woa'tür a …?

Bis wann muss ich zurück sein? A quelle heure est-ce que je dois être de retour ? a käl_ör äß_kö schö doa 'ätrö dö rö'tur?

Bitte geben Sie mir auch einen Sturz-helm. Donnez-moi aussi un casque (de protection), s'il vous plaît. dɔne'moa o'ßi ē 'kaßkö (dö prɔtäk'ßjõ), ßil wu plä.

Haben Sie eine Straßenkarte? Avez-vous une carte routière? awe'wu ün kart ru'tiär?

81

Die RN (route nationale) entspricht in etwa der Bundesstraße, die RD (route départementale) einer Landstraße. Innerhalb einer geschlossenen Ortschaft dürfen Sie 50 km/h fahren; auf Landstraßen ohne Mittelstreifen sind 90 km/h, auf Landstraßen mit Planke oder Mittelstreifen 110 km/h erlaubt. Auf Stadtautobahnen dürfen Sie bis zu 110 km/h, auf anderen Autobahnen 130 km/h fahren.

An der Tankstelle

Wo ist die nächste Tankstelle?

Où se trouve la station-service la plus proche ? u ßö truw la ßta'ßjö ßär'wiß la plü prɔsch?

Bitte volltanken.

Le plein, s'il vous plaît. lö plɛ̃, ßil wu plä.

Bitte für … Euro …

Pour … euros …, s'il vous plaît. pur … ö'ro …, ßil wu plä.

– Benzin bleifrei.

– d'ordinaire sans plomb dɔrdi'när ßã plõ

– Super bleifrei.

– de super sans plomb dö ßü'pär ßã plõ

– Super verbleit.

– de super avec plomb dö ßü'pär a'wäk plõ

– Diesel.

– de gazole dö ga'sɔl

– Zweitakt- mischung.

– de mélange deux-temps dö me'lãsch dötã

| Ich möchte 1 Liter / 2 Liter Öl. | Je voudrais 1 litre / 2 litres d'huile.
schö wu'drä ē 'litrö / dö 'litrö düil. |
| Bitte einen Ölwechsel. | Une vidange, s'il vous plaît.
ün wi'dãsch, ßil wu plä. |

Panne und Unfall

Ich habe kein Benzin mehr.	Je suis en panne sèche. schö ßüis_ã pan ßäsch.
Ich habe eine *Reifenpanne / Motorpanne*.	J'ai un pneu crevé / une panne de moteur. schä ē pnö krö'we / ün pan dö mɔ'tör.
Können Sie mir Starthilfe geben?	Est-ce que vous pouvez m'aider à démarrer la voiture ? äß_kö wu pu'we mä'de a dema're la woa'tür?
Rufen Sie bitte schnell …	Vite, appelez … wit, ap'le …
– einen Kranken-wagen!	– une ambulance ! ün_ãbü'lãß!
– die Polizei!	– la police ! la pɔ'liß!
– die Feuerwehr!	– les pompiers ! le põ'pje!
Es ist ein Unfall passiert!	Il y a eu un accident ! il_ja ü ēn_akßi'dã!

83

… Personen sind (schwer) verletzt.	Il y a … blessés (graves). il_ja … ble'ße (graw).
Bitte helfen Sie mir.	Aidez-moi, s'il vous plaît. äde'moa, ßil wu plä.
Ich brauche Verbandszeug.	J'ai besoin de pansements. schä bö'soẽ dö päß'mã.
Könnten Sie …	Est-ce que vous pourriez … äß_kö wu pu'rje …
– mich ein Stück mitnehmen?	– m'emmener un bout de chemin ? mãm'ne ẽ bu d_schö'mẽ?
– meinen Wagen abschleppen?	– remorquer ma voiture ? römɔr'ke ma woa'tür?
– mir einen Abschleppwagen schicken?	– m'envoyer la dépanneuse ? mãwoa'je la depa'nös?
Es ist nicht meine Schuld.	Ce n'est pas de ma faute. ßö nä pa dö ma fot.
Ich möchte, dass wir die Polizei holen.	Je voudrais que l'on appelle la police. schö wu'drä kö lõn_a'päl la pɔ'liß.
Ich hatte Vorfahrt.	J'avais la priorité. scha'wä la priori'te.
Sie sind zu dicht aufgefahren.	Vous m'avez collé. wu ma'we kɔ'le.

In Frankreich ist es nicht üblich, bei einem Unfall mit Blechschaden die Polizei zu rufen. Es reicht aus, wenn beide Parteien ein *Unfallprotokoll* (constat à l'amiable) mit Skizze ausfüllen und unterschreiben; wenn möglich, geben Sie Namen und Adressen von Zeugen an. Dieses Protokoll schickt man dann seinem Versicherer zu; es ist kein Schuldeingeständnis.

Bitte geben Sie mir Ihre Versicherung und Ihre Versicherungsnummer.	Donnez-moi le nom et le numéro de votre assurance, s'il vous plaît. dɔne'moa lö nõ e lö nüme'ro dö wɔtr_aßü'räß, ßil wu plä.
Bitte geben Sie mir Ihren Namen und Ihre Adresse.	Donnez-moi votre nom et votre adresse, s'il vous plaît. dɔne'moa 'wɔtrö nõ e wɔtr_a'dräß, ßil wu plä.
Können Sie eine Zeugenaussage machen?	Vous pouvez servir de témoin ? wu pu'we ßär'wir dö te'moë.

Weitere Wörter

Abschleppseil	le câble de remorquage lö 'kablö dö römɔr'kaſ
Achse	l'essieu lä'ßjö
Anlasser	le démarreur lö dema'rör

85

Auffahrunfall	le télescopage
	lö teleßkɔ'pasch
Auspuff	le pot d'échappement
	lö po deschap'mä
auswechseln	changer schä'sche
Autobahnauffahrt	la voie d'accès à l'autoroute
	la woa da'kßä a loto'rut
Autoschlüssel	la clé de la voiture
	la kle dö la woa'tür
Bremsflüssigkeit	le liquide des freins
	lö li'kid de frä
Bremslicht	le feu de stop lö fö dö ßtɔp
Dichtung	le joint lö schoä
Ersatzreifen	la roue de secours
	la ru dßö'kur
Ersatzteil	la pièce de rechange
	la pjäß dö rö'schäsch
fahren	rouler ru'le
Feuerlöscher	l'extincteur läkßtäk'tör
Frostschutzmittel	l'antigel läti'schäl
Führerschein	le permis de conduire
	lö pär'mi dö kõ'düir
Gang	la vitesse la wi'täß
Getriebe	la boîte de vitesses
	la boat dö wi'täß
Handbremse	le frein à main lö frä a mä
Heizung	le chauffage lö scho'fasch
Helm	le casque lö 'kaßkö

Hupe	le klaxon lö kla'kßõ
(Benzin)kanister	le jerricane lö scheri'kan
kaputt	cassé ka'ße
Katalysator	le pot catalytique
	lö po katali'tik
Keilriemen	la courroie la ku'roa
Kfz-Schein	la carte grise la 'kartö gris
Kindersitz	le siège pour enfant
	lö ßjäsch pur ã'fã
Klimaanlage	la climatisation
	la klimatisa'ßjõ
Kotflügel	l'aile läl
Kühler	le radiateur lö radja'tör
Kühlwasser	le liquide de refroidissement
	lö li'kid dö röfroadiß'mã
Kupplung	l'embrayage lãbrä'jasch
Kurve	le virage lö wi'rasch
Lack	la laque la lak
Landstraße	la route départementale
	la rut departömã'tal
Lenkung	la direction la diräk'ßjõ
Licht	le feu lö fö
Lichtmaschine	la dynamo la dina'mo
Luftfilter	le filtre à air
	lö filtr_a är
Maut(stelle)	le péage lö pe'asch
Motorhaube	le capot lö ka'po
Motoröl	l'huile moteur lüil mɔ'tör

parken	se garer ßö ga're
Parkhaus	le parking couvert
	lö par'king ku'wär
Parkplatz	le parking lö par'king
Parkscheibe	le disque horaire
	lö dißk‿ɔ'rär
Parkuhr	le parcmètre lö park'mätrö
Parkverbot	l'interdiction de stationner
	lētärdik'ßjö dö ßtaßjɔ'ne
Rad	la roue la ru
Raststätte	le relais routier
	lö rö'lä ru'tje
Reifen	le pneu lö pnö
Reifendruck	la pression des pneus
	la prä'ßjö dä pnö
reparieren	réparer repa're
Reservereifen	la roue de secours
	la ru dßö'kur
Rücklicht	les feux arrière le fö a'rjär
Rückspiegel	le rétroviseur lö retrowi'sör
Schalter	le bouton lö bu'tõ
Scheibenwischer	l'essuie-glace leßüi'glaß
Scheibenwischer-blätter	les balais d'essuie-glace
	le ba'lä dä'ßüi glaß
Scheinwerfer	le phare lö far
Schiebedach	le toit ouvrant lö toa u'wrã
Schneeketten	les chaînes à neige
	le schän a näsch

Schutzbrief	le contrat multirisque de garantie automobile lö kõ'tra mülti'rißkö dö garã'ti otomo'bil
Sicherheitsgurt	la ceinture de sécurité la ße'tür dö ßeküri'te
Sicherung	le fusible lö fü'siblö
Spiegel	le miroir lö mi'roar
Starter	le démarreur lö dema'rör
Starthilfekabel	les câbles de démarrage le 'kablö dö dema'rasch
Stoßdämpfer	l'amortisseur lamɔrti'ßör
Stoßstange	le pare-chocs lö par'schɔk
Tachometer	le compteur de vitesse lö kõ'tör dö wi'täß
Unfallprotokoll	le constat à l'amiable lö kõß'ta a la'mjablö
Ventil	la valve la 'walwö
Verbandskasten	la boîte de premiers secours la boat dö prö'mje ßö'kur
Vergaser	le carburateur lö karbüra'tör
grüne Versicherungskarte	la carte verte la 'kartö 'wärtö
Warndreieck	le triangle de signalisation lö tri'ãglö dö ßinjalisa'ßjõ
Zeuge	le témoin lö te'moë
Zündkabel	le fil d'allumage lö fil dalü'masch
Zündkerze	la bougie la bu'schi
Zündung	l'allumage lalü'masch

Öffentlicher Nahverkehr

Wo ist …

– die nächste
U-Bahn-Station?

– die nächste
Bushaltestelle?

– die nächste
Straßenbahn-
haltestelle?

Où est … u ä …

– la station de métro la plus
proche ? la ßta'ßjö dö me'tro
la plü prosch?

– l'arrêt de bus le plus proche ?
la'rä dö büß lö plü prosch?

– l'arrêt de tramway le plus
proche ? la'rä dö tra'muä lö
plü prosch?

Wo hält *der Bus /
die Straßenbahn*
nach …?

Où se trouve l'arrêt du *bus /
tramway* pour … ? u ßö truw
la'rä dü *büß / tra'muä* pur …?

*Welcher Bus /
Welche U-Bahn*
fährt nach …?

*Quel bus / quel métro va à … ?
käl büß / käl me'tro wa a …?*

Le bus numéro …
lö büß nüme'ro …

Der Bus Nummer …

La ligne de métro
numéro … la linj
dö me'tro
nüme'ro …

Die U-Bahn-Linie Nummer …

Fährt dieser Bus
nach …?

Est-ce que ce bus va à … ?
äß_kö ßö büß wa a …?

Wann fährt *der nächste Bus / die nächste Straßenbahn* nach …?	A quelle heure part le prochain *bus / tramway* pour … ? a käl_ör par lö pro'schē *büß / tra'muä* pur …?
Wann fährt der letzte Bus?	Quand part le dernier bus ? kã par lö där'nje büß?
Muss ich nach … umsteigen?	Pour …, est-ce que je dois changer ? pur …, äß_kö schö doa schä'sche?
Sagen Sie mir bitte, wo ich *aussteigen / umsteigen* muss?	Pouvez-vous me dire où je dois *descendre / changer* ? puwe'wu mö dir u schö doa de'ßädrö / schä'sche?
Wo gibt es die Fahrscheine?	Où est-ce qu'on peut acheter les tickets ? u äß_kõ pö asch'te le ti'kä?
Bitte einen Fahrschein nach …	Un ticket pour …, s'il vous plaît. ē ti'kä pur …, ßil wu plä.
Gibt es …	Il y a … il_ja …
– Tageskarten?	– des tickets pour la journée ? de ti'kä pur la schur'ne?
– Mehrfahrten- karten?	– des carnets ? de kar'nä?
– Wochenkarten?	– des cartes hebdomadaires ? de 'kartö äbdoma'där?

Abfahrt	le départ lö de'par
Busbahnhof	la gare routière
	la gar ru'tjär
Endstation	le terminus
	lö tärmi'nüß
Entwerter	le composteur
	lö kõpoß'tör
Fahrer	le chauffeur lö scho'för
Fahrkarte	le ticket lö ti'kä
Fahrkartenautomat	le distributeur automatique
	de tickets lö dißtribü'tör
	ɔtɔma'tik dö ti'kä
Fahrplan	l'horaire lɔ'rär
Fahrpreis	le prix du ticket
	lö pri dü ti'kä
halten	s'arrêter ßarä'te
Haltestelle	l'arrêt la'rä
Richtung	la direction
	la diräk'ßjö
S-Bahn	le RER lö ärö'är
Schaffner	le contrôleur lö kõtro'lör
Stadtzentrum	le centre-ville
	lö 'ßãtrö wil
Taxistand	la station de taxis
	la ßta'ßjö dö ta'kßi

Taxi

Wo bekomme ich ein Taxi?	Où est-ce que je peux avoir un taxi ? u äß_kö schö pö a'woar_ē ta'kßi?
Könnten Sie mir für (morgen um) ... Uhr ein Taxi bestellen?	Vous pourriez m'appeler un taxi pour (demain à) ... heures ? wu pu'rje map'le ē ta'kßi pur (dö'mē a) ... ör?
Sind Sie frei?	Êtes-vous disponible? ät'wu dißpɔ'nibl?
Warten / Halten Sie hier bitte (einen Augenblick)!	*Attendez / Arrêtez-vous* (un instant) ici, s'il vous plaît ! *atā'de / aräte'wu* (ēn_ēß'tā) i'ßi, ßil wu plä!
Bitte ...	..., s'il vous plaît ! ..., ßil wu plä!
– zum Bahnhof!	– A la gare a la gar
– zum Flughafen!	– A l'aéroport a laerɔ'pɔr
– zum Hotel ...!	– A l'hôtel ... a lo'täl ...
– in die Innenstadt!	– Au centre ville o 'ßãtrö wil
– in die ... Straße!	– Rue ... rü ...
Bitte schalten Sie den Taxameter *ein / auf* null.	Mettez votre compteur *en marche / sur zéro*, s'il vous plaît. mä'te 'wɔtrö kõ'tör *ã 'marschö / ßür se'ro*, ßil wu plä.

Wie viel kostet es nach …?	Combien ce sera pour aller à … ? kõ'bjë ßö ßö'ra pur a'le a …?
Man hat mir (im Hotel) gesagt, dass es nur … Euro kostet.	On m'a dit (à l'hôtel) que ça ne coûte que … euros. õ ma di (a lo'täl) kö ßa nö kut kö … ö'ro.
Fahren Sie bitte etwas langsamer.	Roulez un peu moins vite s'il vous plaît. ru'le ē pö moē wit ßil wu plä.
Das Wechselgeld ist für Sie!	Gardez la monnaie ! gar'de la mɔ'nä!

Per Anhalter

Fahren Sie nach …?	Est-ce que vous allez à … ? äß_kö wus_a'le a …?
Können Sie mich (ein Stück) mitnehmen?	Vous pouvez m'emmener (un bout de chemin) ? wu pu'we mãm'ne (ē bu d_schö'mē)?
Bitte lassen Sie mich hier aussteigen.	Laissez-moi descendre ici, s'il vous plaît. läße'moa de'ßãdr i'ßi, ßil wu plä.
Vielen Dank fürs Mitnehmen.	Merci beaucoup de m'avoir emmené. mär'ßi bo'ku dö ma'woar ãm'ne.

Einkaufen

Fragen und Wünsche	96	Optiker	123
Geschäfte	99	Fotoartikel	124
Lebensmittel	102	Am Kiosk	127
Souvenirs	108	Tabakwaren	128
Kleidung	110		
Schuhgeschäft	115		
Körperpflege	117		
Haushaltswaren	120		

Fragen und Wünsche

Wie viel kostet das?   Ça coûte combien ? ßa kut kõ'bjë?

Was *kostet /*
kosten …?   Combien *coûte / coûtent* … ? kõ'bjë
kut / kut …?

Können Sie den Preis
aufschreiben?   Vous pouvez écrire le prix?
wu pu'we e'krir lö pri?

Das ist mir zu teuer.   C'est trop cher pour moi.
ßä tro schär pur moa.

Können Sie mir mit
dem Preis etwas
entgegenkommen?   Vous pouvez faire quelque chose
pour le prix ? wu pu'we fär kälkö
schos pur lö pri?

Geben Sie einen
Nachlass, wenn ich
bar zahle?   Vous me faites une réduction, si je
paie en liquide ? wu mö fät ün
redük'ßjõ, ßi schö pä ã li'kid?

Haben Sie ein
Sonderangebot?   Vous avez des offres spéciales ?
wus‿a'we des‿'ɔfrö ßpe'ßjal?

Kann ich mit *EC-*
Karte / (dieser)
Kreditkarte zahlen?   Je peux payer avec *carte de débit /*
(cette) *carte de crédit*? schö pö
pä'je a'wäk *kart dö de'bi / (ßät)*
kart dö kre'di?

Ich hätte gerne eine
Quittung.   J'aimerais avoir une facture.
schäm'rä a'woar ün fak'tür.

Wo bekomme ich ...?	Où est-ce que je peux acheter ... ? u äß_kö schö pö asch'te ...?
Vous désirez ? wu desi're?	Was wünschen Sie?
Je peux vous aider ? schö pö wus_ä'de?	Kann ich Ihnen helfen?
Danke, ich sehe mich nur um.	Merci, je regarde seulement. mär'ßi, schö rö'gardä ßöl'mã.
Ich werde schon bedient.	Merci, on me sert. mär'ßi, õ mö ßär.
Ich hätte gerne ...	Je voudrais ... schö wu'drä ...
Je regrette, nous n'avons plus de ... schö rö'grät, nu na'wõ plü dö ...	Es tut mir leid, wir haben keine ... mehr.
Das gefällt mir nicht so gut.	Cela ne me plaît pas tellement. ßö'la nö mö plä pa täl'mã.
Können Sie mir bitte ... zeigen?	Pouvez-vous me montrer ..., s'il vous plaît ? puwe'wu mö mõ'tre ..., ßil wu plä?
Können Sie mir noch etwas anderes zeigen?	Vous pourriez me montrer autre chose ? wu pu'rje mö mõ'tre 'otrö schos?

Ich muss mir das noch mal überlegen.	Je dois encore réfléchir. schö doa ä'kɔr refle'schir.
Das gefällt mir. Ich nehme es.	Cela me plaît. Je le prends. ßö'la mö plä. schö lö prã.
Danke, das ist alles.	Merci, ce sera tout. mär'ßi, ßö ßö'ra tu.
Haben Sie eine Tüte?	Vous auriez un sac ? wus_o'rje ẽ ßak?
Können Sie es als Geschenk ein-packen?	Vous pourriez me faire un paquet cadeau ? wu pu'rje mö fär ẽ pa'kä ka'do?
Ich möchte das *umtauschen / zurückgeben.*	Je voudrais *échanger / rendre* cela. schö wu'drä *eschã'sche / 'rãdrö* ßö'la.

Weitere Wörter

Ausverkauf	les soldes	le 'ßɔldö
billig(er)	(moins) cher	(moë) schär
geben	donner	dɔ'ne
Geld	l'argent	lar'schã
Geschenk	le cadeau	lö ka'do
(zu) groß	(trop) grand	(tro) grã
größer	plus grand	plü grã
kaufen	acheter	asch'te

kosten	coûter ku'te
Kreditkarte	la carte de crédit la 'kartö dö kre'di
Quittung	le reçu lö rö'ßü
rund	rond rõ
Schaufenster	la vitrine la wi'trin
Scheck	le chèque lö schäk
Schlussverkauf	les soldes le 'ßoldö
Selbstbedienung	le libre service lö 'librö ßär'wiß
Sonderangebot	l'article en promotion lar'tikl ã promo'ßjõ
(zu) teuer	(trop) cher (tro) schär
Tüte	le sac lö ßak
umtauschen	échanger eschã'sche
zeigen	montrer mõ'tre
zurückgeben	rendre 'rãdrö

Geschäfte

Info   Die Öffnungszeiten der Geschäfte sind in Frankreich weniger streng geregelt: Kaufhäuser und Supermärkte sind in der Regel bis 19 h geöffnet, kleinere Lebensmittelgeschäfte meist noch länger. Dafür wird eine ausgiebige Mittagspause gemacht. Vor allem Lebensmittelgeschäfte haben auch sonntags vormittags geöffnet. Montags vormittags sind die Geschäfte in der Regel geschlossen.

Geschäfte

Andenkenladen	le magasin de souvenirs
	lö maga'sē dö ßuw'nir
Antiquitäten-	le magasin d'antiquités
geschäft	lö maga'sē dātiki'te
Apotheke	la pharmacie la farma'ßi
Bäckerei	la boulangerie la bulāsch'ri
Blumengeschäft	le fleuriste lö flö'rißtö
Boutique	la boutique la bu'tik
Buchhandlung	la librairie la librä'ri
Drogerie	la droguerie la drɔg'ri
Einkaufszentrum	le centre commercial
	lö 'ßātrö kɔmär'ßjal
Elektrohandlung	le magasin d'électroménager
	lö maga'sē deläktromena'sche
Feinkostgeschäft	l'épicerie fine lepiß'ri fin
Fischgeschäft	la poissonnerie la poaßɔn'ri
Fleischerei	la boucherie la busch'ri
Flohmarkt	le marché aux puces
	lö mar'sche o püß
Fotogeschäft	le magasin d'articles
	photographiques
	lö maga'sē dar'tiklö fɔtɔgra'fik
Friseur	le coiffeur lö koa'för
Gemüsehändler	le marchand de primeurs
	lö mar'schā dö pri'mör

Haushaltswaren	le magasin d'articles ménagers
	lö maga'sē dar'tiklö mena'sche
Juwelier	le bijoutier lö bischu'tje
Kaufhaus	le grand magasin lö grã maga'sē
Kiosk	le kiosque lö 'kjɔßkö
Konditorei	la pâtisserie la patiß'ri
Lebensmittel-geschäft	l'épicerie lepiß'ri
Lederwarengeschäft	la maroquinerie la marɔkin'ri
Markt	le marché lö mar'sche
Musikgeschäft	le magasin de musique
	lö maga'sē dö mü'sik
Obst- und Gemüse	les fruits et légumes
	le früis e le'güm
Optiker	l'opticien lɔpti'ßjē
Parfümerie	la parfumerie la parfüm'ri
Reinigung	le pressing lö prä'ßing
Schreibwaren-geschäft	la papeterie la papät'ri
Schuhgeschäft	le magasin de chaussures
	lö maga'sē dö scho'ßür
Schuhmacher	le cordonnier lö kɔrdɔ'nje
Sportgeschäft	le magasin d'articles de sport
	lö maga'sē dar'tiklö dö ßpɔr
Supermarkt	le supermarché lö ßüpärmar'sche
Süßwaren	la confiserie la kõfis'ri
Tabakwaren	le bureau de tabac
	lö bü'ro dö ta'ba

Uhrmacher	l'horloger ɔrlɔ'sche
Waschsalon	la laverie automatique
	la law'ri ɔtɔma'tik
Wurstwaren	la charcuterie la scharküt'ri
Zeitungsstand	le marchand de journaux
	lö mar'schã dö schur'no

Lebensmittel

Was ist das?	Qu'est-ce que c'est ?
	käß͜ kö ßä?
Bitte geben Sie mir …	Donnez-moi …, s'il vous plaît.
	dɔne'moa …, ßil wu plä.
– 100 Gramm …	– cent grammes de …
	ßã gram dö …
– 1 Pfund …	– une livre/un demi kilo de …
	ün 'liwrö/ē dö'mi ki'lo dö …
– 1 Kilo …	– un kilo de … ē ki'lo dö …
– 1 Liter …	– un litre de … ē 'litrö dö …
– 1 halben Liter …	– un demi-litre de …
	ē dömi'litrö dö …
– 4 Scheiben …	– quatre tranches de …
	'katrö träsch dö …
– 1 Stück …	– un morceau de … ē mɔr'ßo dö …
Kann ich probieren?	Je peux goûter ? schö pö gu'te?

Ça fait un peu plus.
Ce n'est pas grave ?
ßa fä ē pö plüß. ßö
nä pa graw?

Darf es etwas mehr sein?

Etwas *weniger /
mehr* bitte.

Un peu *moins / plus*, s'il vous plaît.
ē pö *moē̃ / plüß*, ßil wu plä.

Info

In einer boucherie können Sie nur Fleisch kaufen.
Wurstwaren erhalten Sie in der charcuterie; am
häufigsten ist jedoch die boucherie-charcuterie, die beides
verkauft. In der rôtisserie und beim traiteur kaufen Sie fertig
zubereitete Vorspeisen und Gerichte. In der crémerie gibt es
Milchprodukte: lait (*Milch*), yaourt (*Joghurt*), fromage blanc
(*Quark*) und viele, viele Käsesorten … In der boulangerie
bekommen Sie Brot und einige Sorten Gebäck wie croissants,
brioches, pains au chocolat (*Schokoladen-Croissants*), pains
aux raisins (*Rosinenbrötchen*), palmiers (*Schweinsohren*)
oder chaussons aux pommes (*Apfeltaschen*). Wer Kuchen
oder Torte kaufen will, geht in die pâtisserie (*Konditorei*).

Weitere Wörter

Ananas	l'ananas lana'na(ß)
Apfel	la pomme la pɔm
Apfelsaft	le jus de pomme lö s̠chü dö pɔm
Apfelwein	le cidre lö 'ßidrö

Aprikose	l'abricot labri'ko
Artischocke	l'artichaut larti'scho
Aubergine	l'aubergine lobär'schin
Avocado	l'avocat lawɔ'ka
Banane	la banane la ba'nan
Basilikum	le basilic lö basi'lik
Bier	la bière la bjär
Bier, alkoholfreies	la bière sans alcool
	la bjär ßãs‿al'kɔl
Birne	la poire la poar
Bohnen, grüne	les haricots verts le ari'ko wär
Bohnen, weiße	les haricots blancs le ari'ko blã
Brokkoli	le brocoli lö broko'li
Brot	le pain lö pẽ
Brötchen	les petits pains le pö'ti pẽ
Butter	le beurre lö bör
Chicorée	l'endive lã'diw
Ei	l'œuf, *pl:* les œufs löf, les‿ö
Eis	la glace la glaß
Erbsen	les petits pois le pö'ti poa
Erdbeeren	les fraises le fräs
Erdnüsse	les cacahuètes le kaka'uät
Essig	le vinaigre lö wi'nägrö
Esskastanien	les châtaignes le scha'tänj
Estragon	l'estragon läßtra'gõ
Fisch	le poisson lö poa'ßõ
Fleisch	la viande la wjãd
Geflügel	la volaille la wɔ'laj

104

Gemüse	les légumes le le'güm
Gewürze	les épices les_e'piß
Grieß	la semoule la ßö'mul
Gurke (*Salatgurke*)	le concombre lö kõ'kõbrö
Gurken, eingelegte	les cornichons le kɔrni'schõ
Hackfleisch	la viande hachée la wjãd_a'sche
Haferflocken	les flocons d'avoine le flɔ'kõ da'woan
Hähnchen	le poulet lö pu'lä
Haselnuss	la noisette la noa'sät
Himbeeren	les framboises le frã'boas
Honig	le miel lö mjäl
Joghurt	le yaourt lö ja'urt
Kaffee	le café lö ka'fe
Kakao	le cacao lö kaka'o
Kalbfleisch	le veau lö wo
Kartoffeln	les pommes de terre le pɔm dö tär
Käse	le fromage lö frɔ'masch
Kekse	les biscuits le biß'küi
Ketchup	le ketchup lö kät'schöp
Kirschen	les cerises le ßö'ris
Kiwi	le kiwi lö ki'ui
Knoblauch	l'ail laj
Kohl	le chou lö schu
Konservierungs-stoffe, ohne	agents de conservation, sans a'schã dö kõßärwa'ßjõ, ßã
Kotelett	la côtelette la kot'lät

Kräuter	les fines herbes le fin_s_ 'ärbö
Kräutertee	l'infusion lẽfü'sjõ
Kuchen	le gâteau lö ga'to
Lammfleisch	l'agneau la'njo
Lauch	le poireau lö poa'ro
Leberpastete	le pâté de foie lö pa'te dö foa
Limonade	la limonade la limɔ'nad
Mais	le maïs lö ma'iß
Margarine	la margarine la marga'rin
Marmelade	la confiture la kõfi'tür
Melone	le melon lö mö'lõ
Milch	le lait lö lä
Milch, fettarme	le lait demi-écrémé
	lö lä dö'mi ekre'me
Mineralwasser *mit /*	l'eau minérale *gazeuse / non*
ohne Kohlensäure	*gazeuse* lo mine'ral ga'sös /
	nõ ga'sös
Möhren	les carottes le ka'rɔt
Müsli	le muesli lö müß'li
Nudeln	les pâtes le pat
Obst	les fruits le früi
Öl	l'huile lüil
Oliven	les olives les_ɔ'liw
Olivenöl	l'huile d'olive lüil dɔ'liw
Ölsardinen	les sardines à l'huile le ßar'din a lüil
Orange	l'orange lɔ'räsch
Orangensaft	le jus d'orange lö schü dɔ'räsch
Oregano	l'origan lɔri'gã

Paprika (*Gewürz*)	le piment lö pi'mã
Paprikaschote	le poivron lö poa'wrõ
Peperoni	le piment lö pi'mã
Petersilie	le persil lö pär'ßi
Pfeffer	le poivre lö 'poawrö
Pfirsich	la pêche la päsch
Pflaume	la prune la prün
Pilze	les champignons le schãpi'njõ
Reis	le riz lö ri
Rindfleisch	le bœuf lö böf
Rosmarin	le romarin lö rɔma'rẽ
Rotwein	le vin rouge lö wẽ rusch
Saft	le jus lö schü
Sahne	la crème la kräm
Salami	le salami lö ßala'mi
Salat	la salade la ßa'lad
Salz	le sel lö ßäl
Schinken, gekochter	le jambon cuit lö schã'bõ küi
Schinken, roher	le jambon cru lö schã'bõ krü
Schnittlauch	la ciboulette la ßibu'lät
Schnitzel	l'escalope läßka'lɔp
Schokolade	le chocolat lö schoko'la
Schwarzbrot	le pain noir lö pẽ noar
Schweinefleisch	le porc lö pɔr
Spargel	l'asperge laß'pärschö
Spinat	les épinards les_epi'nar
Steak	le steak lö ßtäk
Süßstoff	la saccharine la ßaka'rin

Tee	le thé lö te
Thymian	le thym lö tē
Tomate	la tomate la tɔ'mat
Vollkornbrot	le pain complet lö pē kõ'plä
Walnuss	la noix la noa
Wassermelone	la pastèque la paß'täk
Wein	le vin lö wē
Weintraube	le raisin lö rä'sē
Weißbrot	le pain blanc lö pē blã
Weißwein	le vin blanc lö wē blã
Wurst(aufschnitt)	la charcuterie la scharküt'ri
Würstchen	la saucisse la ßo'ßiß
Zitrone	le citron lö ßi'trõ
Zucchini	la courgette la kur'schät
Zucker	le sucre lö 'ßükrö
Zwiebel	l'oignon lɔ'njõ

Souvenirs

Ich möchte ... Je voudrais ... schö wu'drä ...

- ein hübsches
  Andenken.
- ein Geschenk.
- etwas Typisches
  aus dieser Gegend.

- un joli souvenir.
  ē schɔ'li ßuw'nir.
- un cadeau. ē ka'do.
- quelque chose de typique de la
  région. kälkö schos dö ti'pik dö
  la re'schjõ.

| Ist das Handarbeit? | Est-ce que c'est fait main ?
äß_ kö ßä fä mē? |
| Ist das *antik / echt*? | Est-ce que c'est *ancien / du vrai* ?
äß_ kö ßä t_ ã'ßjē / dü wrã? |

Weitere Wörter

Andenken	le souvenir lö ßuw'nir
antik	ancien ã'ßjē
Antiquität	l'antiquité lãtiki'te
Baskenmütze	le béret (basque) lö be'rä ('baßkö)
Becher	le gobelet lö gɔb'lä
Decke	la couverture la kuwär'tür
Geschirr	la vaisselle la wä'ßäl
Gürtel	la ceinture la ßē'tür
Handarbeit	fait à la main fä a la mē
handgemalt	peint à la main pē a la mē
Handtasche	le sac à main lö ßak a mē
Kanne	le broc lö brɔk
Keramik	la céramique la ßera'mik
Kräuter	les herbes de Provence les_ 'ärbö dö prɔ'wäß
Kunsthandwerk	l'artisanat lartisa'na
Lavendel	la lavande la la'wãd
Leder	le cuir lö küir
Schmuck	les bijoux le bi'schu
Schüssel	le saladier lö ßala'dje

109

Seidentuch	le foulard en soie lö fu'lar_ã ßoa
Spitze	la dentelle la dã'täl
Steingut	la faïence la fa'jãß
Tasse	la tasse la taß
Terrakotta	la terre cuite la tär küit
Tischdecke	la nappe la nap
Töpferware	la poterie la pɔt'ri
Trinkschale	le bol lö bɔl
Vase	le vase lö was
Zertifikat	le certificat lö ßärtifi'ka

Kleidung

Ich suche ...	Je cherche ... schö 'schärschö ...
Quelle est votre taille ? käl_ä 'wɔtrö taj?	Welche Größe haben Sie?
Ich habe die deutsche Größe ...	Je porte un ... allemand. schö pɔrt ē ... al'mã.

Info Achtung beim Anprobieren oder beim Erwerb von Kleidung: Die Kleidergrößen sind in Frankreich anders bemessen als in Deutschland: So entspricht die deutsche Konfektionsgröße 36 in Frankreich der Konfektionsgröße 38.

Ich habe Größe …	Je porte du … schö 'p
Haben Sie das auch in Größe …?	Est-ce que vous l'avez auss... taille… ? äß_kö wu la'we la taj …?
Haben Sie das auch in einer anderen Farbe?	Est-ce que vous l'avez aussi dans une autre couleur ? äß_kö wu la'we o'ß dãs_ün_'otrö ku'lör?

➡ *Farben, Seite 112*

Kann ich das anprobieren?	Je peux l'essayer ? schö pö leßä'je?
Wo ist ein Spiegel?	Où est le miroir ? u ä lö mi'roar?
Wo sind die Umkleidekabinen?	Où sont les cabines d'essayage ? u bõ le ka'bin deßä'jasch?
Welches Material ist das?	C'est quoi comme tissu ? ßä koa kɔm ti'ßü?
Es steht mir nicht.	Ça ne me va pas. ßa nö mö wa pa.
Das passt mir nicht.	Cela ne me va pas. ßö'la nö mö wa pa.
Das ist mir zu *groß / klein*.	C'est trop *grand / petit*. ßä tro *grã / pö'ti*.
Das passt gut.	Cela va parfaitement. ßö'la wa parfät'mã.

	le coton lö ko'tõ
	la fibre polaire la 'fibrö pɔ'lär
	le cachemire lö kasch'mir
	le cuir lö küir
	le lin lö lẽ
Mikrofaser	la microfibre la mikro'fibrö
Naturfaser	les fibres naturelles
	le 'fibrö natü'räl
Schafwolle	le mohair lö mɔ'är
Schurwolle, reine	la pure laine vierge
	la pür län 'wjärschö
Seide	la soie la ßoa
Synthetik	le synthétique lö ßẽte'tik
Wildleder	le chamois lö scha'moa
Wolle	la laine la län

Farben

beige	beige bäsch
blau	bleu blö
braun	marron *unv* ma'rõ
bunt	multicolore mültikɔ'lɔr
dunkelblau	bleu marine *unv* blö ma'rin
dunkelrot	rouge foncé *unv* rusch fõ'ße

einfarbig	uni ü'ni
gelb	jaune schon
golden	doré do're
grau	gris gri
grün	vert wär
hellblau	bleu ciel *unv* blö ßjäl
lila	violet wjɔ'lä
pink	fuchsia fü'schja
rosa	rose ros
rot	rouge rusch
schwarz	noir noar
silbern	argent *unv* ar'schã
türkis	turquoise tür'koas
weiß	blanc, *f*: blanche blã, bläsch

Weitere Wörter

Anorak	l'anorak lanɔ'rak
Anzug	le costume lö kɔß'tüm
kurze Ärmel	les manches courtes
	le mäsch 'kurtö
lange Ärmel	les manches longues le mäsch lõg
Badeanzug	le maillot de bain lö ma'jo d__bẽ
Badehose	le caleçon de bain lö kal'ßõ dö bẽ
Bademantel	le peignoir (de bain)
	lö pä'njoar (dö bẽ)

113

BH	le soutien-gorge lö ßutjё'gɔrschö
Bikini	le bikini lö biki'ni
Bluse	le chemisier lö schömi'sje
Gürtel	la ceinture la ßё'tür
Halstuch	le foulard lö fu'lar
Handschuhe	les gants le gã
Hemd	la chemise la schö'mis
Hose	le pantalon lö pãta'lõ
Hut	le chapeau lö scha'po
Jacke	la veste la 'wäßtö
Jeans	le jean lö dschin
Jogginghose	le pantalon de jogging
	lö pãta'lõ dö dschɔ'ging
Kleid	la robe la rɔb
Kostüm	le tailleur lö ta'jör
Krawatte	la cravate la kra'wat
kurz	court kur
lang	long lõ
Leder	le cuir lö küir
Leggins	les caleçons le kal'ßõ
Mantel	le manteau lö mã'to
Mikrofaser	la microfibre la mikro'fibrö
Mütze	le bonnet lö bɔ'nä
Pullover	le pullover lö pülɔ'wär
Regenjacke	le k-way lö ka_ 'ue
Regenmantel	l'imperméable lёpärme'ablö
Reißverschluss	la fermeture éclair
	la färmö'tür_ e'klär

Rock	la jupe la schüp
Sakko	le veston lö wäß'tō
Schal	l'écharpe le'scharpö
Schlafanzug	le pyjama lö pischa'ma
Shorts	le short lö schɔrt
Slip	le slip lö ßlip
Socken	les chaussettes le scho'ßät
Sonnenhut	le chapeau de soleil lö scha'po dö ßɔ'läj
Strümpfe	les mi-bas le miba
Strumpfhose	le collant lö kɔ'lā
T-Shirt	le T-shirt lö ti'schört
Unterhemd	le maillot de corps lö ma'jo d_kɔr
Unterwäsche	les dessous le dö'ßu
Weste	le gilet lö schi'lä

Schuhgeschäft

Ich möchte ein Paar …	Je voudrais une paire de … schö wu'drä ün pär dö …
Quelle est votre pointure ? käl_ä 'wɔtrö poē'tür?	Welche Schuhgröße haben Sie?
Ich habe Schuhgröße …	Ma pointure est … ma poē'tür ä …

115

Der Absatz ist zu hoch / niedrig.	Le talon est trop *haut / plat*. lö ta'lõ ä tro *o/pla*.
Sie sind zu *groß / klein*.	Elles sont trop *grandes / petites*. äl ßõ tro *grãd/pö'tit*.
Sie drücken hier.	Elles me serrent ici. äl mö ßär i'ßi.
Bitte (erneuern Sie) die Absätze.	(Réparez) les talons, s'il vous plaît. (repa're) le ta'lõ, ßil wu plä.
Bitte (erneuern Sie) die Sohlen.	Un ressemelage, s'il vous plaît. ẽ rößöm'lasch, ßil wu plä.

Weitere Wörter

Badeschuhe	les sandales de bain le ßä'dal dö bẽ
Bergschuhe	les chaussures de montagne le scho'ßür dö mõ'tanj
Einlegsohlen	les semelles le ßö'mäl
eng	serré ße're
Größe	la pointure la poẽ'tür
Gummistiefel	les bottes en caoutchouc le bɔt ã kau'tschu
Halbschuhe	les chaussures de ville le scho'ßür dö wil
Ledersohle	la semelle en cuir la ßö'mäl ã küir
Pumps	les escarpins les_äßkar'pẽ

Sandalen	les sandales le ßä'dal
Schnürsenkel	les lacets le la'ßä
Schuhcreme	le cirage lö ßi'rasch
Schuhe	les chaussures le scho'ßür
Stiefel	les bottes le bɔt
Turnschuhe	les baskets le baß'kät
Wanderschuhe	les chaussures de randonnée
	le scho'ßür dö rãdɔ'ne
Wildleder	le chamois lö scha'moa

Körperpflege

Info Spezielle Drogeriemärkte gibt es eher selten.
Sie können alle Körperpflegeartikel in den
Drogerieabteilungen der großen Supermärkte erhalten.
Auch die Apotheken führen ein reichhaltiges Sortiment,
sind aber in der Regel teurer.

Körperpflege

allergiegetestet	anallergique analär'schik
Binden	les serviettes hygiéniques
(*Damenbinden*)	le ßär'wjät ischje'nik
Bürste	la brosse la brɔß

Deo	le déodorant lö deɔdɔ'rã
Duschgel	le gel douche lö <u>sch</u>äl dusch
Haargel	le gel coiffant lö <u>sch</u>äl koa'fã
Haargummi	l'élastique à cheveux lelaß'tik a schö'wö
Haarklammern	les pinces à cheveux le pëß a schö'wö
Haarspange	la barrette la ba'rät
Haarspray	la laque à cheveux la lak_a schö'wö
Handcreme	la crème de soins pour mains la kräm dö ßoë pur le më
Kajalstift	le crayon khôl lö krä'jõ kol
Kamm	le peigne lö pänj
Kondome	les préservatifs le presärwa'tif
Körperlotion	la lotion corporelle la lo'ßjõ kɔrpɔ'räl
Kosmetiktücher	les disques à démaquiller le dißk a demaki'je
Lichtschutzfaktor	le facteur de protection solaire lö fak'tör dö prɔtäk'ßjõ ßɔ'lär
Lidschatten	l'ombre à paupières lõbr_a po'pjär
Lippenpflegestift	le stick à lèvres lö ßtik a 'läwrö
Lippenstift	le rouge à lèvres lö rusch_a 'läwrö
Mückenschutz	la protection anti-moustiques la prɔtäk'ßjõ ãtimuß'tik

118

Nachtcreme	la crème de nuit la kräm dö nüi
Nagelbürste	la brosse à ongles la brɔß_a 'ɔ̃glö
Nagelfeile	la lime à ongles la lim_a 'ɔ̃glö
Nagellack	le vernis à ongles lö wär'ni a 'ɔ̃glö
Nagellackentferner	le dissolvant lö dißɔl'wã
Nagelschere	les ciseaux à ongles le ßi'so a 'ɔ̃glö
Papiertaschen-	les mouchoirs en papier
tücher	le mu'schoar ã pa'pje
Parfüm	le parfum lö par'fɛ̃
parfümfrei	non parfumé nɔ̃ parfü'me
Pflaster	le pansement adhésif
	lö pãß'mã ade'sif
Pinzette	la pince à épiler la pɛ̃ß_a epi'le
Rasierklinge	la lame de rasoir la lam dö ra'soar
Rasierschaum	la mousse à raser la muß_a ra'se
Reinigungsmilch	le lait démaquillant lö lä demaki'jã
Rouge	le blush lö blösch
Schaumfestiger	la mousse renforçatrice
	la muß räfɔrßa'triß
Seife	le savon lö ßa'wɔ̃
Shampoo	le shampooing lö schã'poë
Sonnencreme	la crème solaire la kräm ßɔ'lär
Sonnenmilch	le lait solaire lö lä ßɔ'lär
Spiegel	le miroir lö mi'roar
Tagescreme	la crème de jour la kräm dö schur
Tampons	les tampons le tã'põ
Toilettenpapier	le papier hygiénique
	lö pa'pje ischje'nik

Waschlappen	le gant de toilette lö gã dö toa'lät
Waschmittel	le détergent lö detär'schã
Watte	le coton lö ko'tõ
Wattestäbchen	les Cotons-Tiges (Wz) le kotõ'tisch
Wimperntusche	le rimmel lö ri'mäl
Zahnbürste	la brosse à dents la broß_a dã
Zahnpasta	le dentifrice lö dãti'friß
Zahnseide	le fil dentaire lö fil dã'tär
Zahnstocher	le cure-dents lö kür'dã

Haushaltswaren

Info Haushaltswaren bekommen Sie nicht nur in speziellen Haushaltswarengeschäften (magasins d'articles ménagers), sondern auch in großen Kaufhäusern.

Haushaltswaren

Wasserkocher	bouilloire bu'joar
Alufolie	l'aluminium ménager
	lalümi'njom mena'sche
Besen	le balai lö ba'lä
Brennspiritus	l'alcool à brûler lal'kol a brü'le
Bügeleisen	le fer à repasser lö fär a röpa'ße

Dosenöffner	l'ouvre-boîte luwrö'boat
Eimer	le seau lö ßo
Feuerzeug	le briquet lö bri'kä
Flaschenöffner	le décapsuleur lö dekapßü'lör
Fleckenentferner	le détachant lö deta'schã
Frischhaltefolie	le film fraîcheur lö film frä'schör
Gabel	la fourchette la fur'schät
Glas	le verre lö wär
Glühlampe	l'ampoule (electrique) lã'pul (eläk'trik)
Grillanzünder	l'allume-feu la'lüm_'fö
Grillkohle	le charbon de bois lö schar'bõ dö boa
Insektenspray	le spray anti-insectes lö ßprä ãtië'ßäktö
Kerzen	les bougies le bu'schi
Korkenzieher	le tire-bouchon lö tirbu'schõ
Küchenrolle	le rouleau de papier (absorbant) lö ru'lo dö pa'pje (apßɔr'bã)
Kühltasche	la glacière la gla'ßjär
Löffel	la cuillère la küi'jär
Messer	le couteau lö ku'to
Moskitospirale	la spirale anti-moustiques la ßpi'ral ãtimuß'tik
Nähgarn	le fil à coudre lö fil_a 'kudrö
Nähnadel	l'aiguille à coudre lä'güij_a 'kudrö
Pfanne	la poêle la poal

121

Plastikbecher	le gobelet en plastique
	lö gɔb'lä ã plaß'tik
Plastikbesteck	les couverts en plastique
	le ku'wär_ã plaß'tik
Plastikteller	l'assiette en plastique
	la'ßjät_ã plaß'tik
Reinigungsmittel	les produits de nettoyage
	le prɔ'düi dö netoa'jasch
Schere	les ciseaux le ßi'so
Servietten	les serviettes le ßär'wjät
Sicherheitsnadel	l'épingle de sûreté
	le'pēglö dö ßür'te
Spülmittel	le liquide vaisselle
	lö li'kid wä'ßäl
Spültuch	la lavette la la'wät
Streichhölzer	les allumettes les_alü'mät
Taschenmesser	le couteau de poche
	lö ku'to dö pɔsch
Tasse	la tasse la taß
Teller	l'assiette la'ßjät
Thermosflasche	le thermos lö tär'moß
Topf	la casserole la kaß'rɔl
Wäscheklammern	les pinces à linge le pēß a lēsch
Wäscheleine	la corde à linge la kɔrd_a lēsch
Waschpulver	la lessive la lä'ßiw
Wischlappen	le chiffon lö schi'fõ
elektrische Zahn-	la brosse à dents électrique
bürste	la brɔß a dã eläk'trik

Optiker

Meine Brille ist kaputt.	Mes lunettes sont cassées. me lü'nät ßõ ka'ße.
Können Sie das reparieren?	Pouvez-vous réparer cela ? puwe'wu repa're ße'la?
Ich hätte gerne Eintageslinsen.	J'aimerais avoir des lentilles journalières jetables. schäm'rä a'woar de lã'tij schurna'ljär schö'tablö.
Avez-vous un carnet pour les *lunettes / lentilles* ? awe'wu ẽ kar'nä pur le *lü'nät / lã'tij*?	Haben Sie einen *Brillenpass / Kontaktlinsenpass*?
Combien de dioptries avez-vous ? kõ'bjë dö diɔp'tri awe'wu?	Wie viel Dioptrien haben Sie?
Ich habe links … Dioptrien und rechts … Dioptrien.	J'ai … dioptries à gauche et … dioptries à droite. schä … diɔp'tri a gosch et … diɔp'tri a droat.
Ich möchte eine Sonnenbrille.	Je voudrais des lunettes de soleil. schö wu'drä de lü'nät dö ßɔ'läj.

Ich habe eine Kontaktlinse verloren.

J'ai perdu une lentille de contact. schä pär'dü ün lã'tij dö kõ'takt.

Ich brauche Aufbewahrungslösung für *harte* / *weiche* Kontaktlinsen.

Il me faudrait une solution de conservation pour lentilles *dures* / *souples*. il mö fo'drä ün ßɔlü'ßjõ dö kõßärwa'ßjõ pur lã'tij *dür* / *'ßuplö*.

Ich brauche Reinigungslösung für *harte* / *weiche* Kontaktlinsen.

Il me faudrait une solution de nettoyage pour lentilles *dures* / *souples*. il mö fo'drä ün ßɔlü'ßjõ dö netoa'jasch pur lã'tij *dür* / *'ßuplö*.

Fotoartikel

Ich möchte gerne Passbilder machen lassen.

Je voudrais faire des photos d'identité. schö wu'drä fär de fɔ'to didãti'te.

Ich hätte gerne *Batterien* / *Akkus* für diesen Apparat.

Je voudrais des *piles* / *batteries* pour cet appareil. schö wu'drä de *pil* / *ba'tri* pur ßät_ apa'räj.

Ich möchte diesen Film entwickeln lassen.

Je voudrais faire développer cette pellicule. schö wu'drä fär dewlɔ'pe ßät peli'kül.

| Die Abzüge bitte *glänzend / matt*. | Une épreuve de chaque négatif, en *brillant / mat*, s'il vous plaît. |
| | ün_e'pröw dö schak nega'tif, ã *bri'jã / mat*, ßil wu plä. |

Ich hätte gern … | Je voudrais … s̜chö wu'drä …

- einen Film für diesen Apparat.
  - une pellicule pour cet appareil.
    ün päli'kül pur ßät_apa'räj.
- einen Farb-Negativfilm.
  - une pellicule couleurs.
    ün päli'kül ku'lör.
- einen Diafilm.
  - une pellicule pour diapositives.
    ün päli'kül pur djaposi'tiw.
- eine Speicherkarte für diesen Apparat mit … *MB / GB*.
  - une carte mémoire pour cet appareil avec … *MB / GB*. ün 'kart me'moar pur ßät_apa'räj a'wäk … *mega'bait / schiga'bait*.
- einen USB-Stick.
  - la clé USB.
    la kle üäß'be.
- einen Film mit … ASA.
  - une pellicule avec … ASA.
    ün päli'kül a'wäk … a'sa.

Können Sie mir bitte den Film einlegen? | Vous pouvez me placer la pellicule dans l'appareil, s'il vous plaît ? wu pu'we mö pla'ße la päli'kül dã lapa'räj, ßil wu plä?

Können Sie meinen Fotoapparat reparieren? | Vous pouvez réparer mon appareil photo ? wu pu'we repa're mõn_apa'räj fɔ'to?

Er transportiert nicht.	Il bloque. il blɔk.
Der Auslöser / Das Blitzlicht funktioniert nicht.	*Le déclencheur / Le flash* ne fonctionne pas. *lö deklã'schör / lö flasch* nö fōk'ßjɔn pa.
Können Sie die Bilder von meiner Kamera auf *CD / DVD* brennen?	Pouvez-vous graver les photos de ma caméra sur *CD / DVD*? puwe'wu gra'we le fo'to dö ma kame'ra ßür *ße'de / dewe'de*?

Weitere Wörter

Akkus	les accus les a'kü
Batterien	les piles les pil
Belichtungsmesser	le posemètre lö pos'mätrö
Bild	la photo la fɔ'to
Blitz	le flash lö flasch
Camcorder	le caméscope lö kameß'kɔp
Digitalkamera	l'appareil photo numérique lapa'räj fɔ'to nüme'rik
DVD	DVD dewe'de
Empfindlichkeit	la sensibilité la ßäßibili'te
Filmkamera	la caméra la kame'ra
Filter	le filtre lö 'filtrö
Fototasche	l'étui d'appareil photo le'tüi dapa'räj fɔ'to

Selbstauslöser	le déclencheur automatique
	lö deklä'schör ɔtɔma'tik
Sonnenblende	pare-soleil parßɔ'läj
Speicherkarte	la carte mémoire
	la 'kartö me'moar
Spiegelreflexkamera	le réflex lö re'fläkß
Stativ	le trépied lö tre'pje
Teleobjektiv	le téléobjectif lö teleɔbschäk'tif
USB-Stick	la clé USB la kle üäß'be
UV-Filter	le filtre UV lö filtr üwe
Videokamera	la caméra vidéo la kame'ra wide'o
Videokassette	la vidéocassette la wideoka'ßät
Weitwinkelobjektiv	l'objectif grand angle
	ɔbschäk'tif grät_ 'äglö
Zoomobjektiv	le zoom lö sum

Am Kiosk

Ich hätte gerne …	Je voudrais … schö wu'drä …
– eine (deutsche) Zeitung.	– un journal (allemand). ē schur'nal (al'mã).
– eine (deutsche) Zeitschrift.	– un magazine (allemand). ē maga'sin (al'mã).
– eine Karte der Umgebung.	– une carte de la région. ün 'kartö dö la re'schjõ.
– einen Stadtplan.	– un plan de la ville. ē plã dö la wil.

Haben Sie auch eine neuere Zeitung?

Vous auriez aussi un journal plus récent ? wus__o'rje o'ßi ē schur'nal plü re'ßã?

Haben Sie deutsche Bücher?

Avez-vous des livres en allemand ? awe'wu de liwr ãn__al'mã?

Tabakwaren

Eine Schachtel Zigaretten *mit / ohne* Filter, bitte.

Un paquet de cigarettes *avec / sans* filtres, s'il vous plaît. ē pa'kä dö ßiga'rät *a'wäk / ßã* 'filtrö, ßil wu plä.

Eine *Schachtel / Stange* ..., bitte.

Un paquet / Une cartouche de ..., s'il vous plaît. ē pa'kä / ün kar'tusch dö ..., ßil wu plä.

Sind diese Zigaretten *stark / leicht*?

Ces cigarettes sont *fortes / légères* ? ße ßiga'rät ßõ *fortö / le'schär*?

Ein Päckchen *Pfeifentabak / Zigarettentabak*, bitte.

Un paquet de tabac *pour pipe / à cigarettes*, s'il vous plaît. ē pa'kä dö ta'ba *pur pip / a ßiga'rät*, ßil wu plä.

Ein Feuerzeug / Einmal Streichhölzer, bitte.

Un briquet / Une boîte d'allumettes, s'il vous plaît. ē bri'kä / ün boat dalü'mät, ßil wu plä.

Freizeitgestaltung

Sport und Wellness   130

Besichtigungen   148

Abendgestaltung   157

Sport und Wellness

Baden

Die grüne Fahne weht bei schönem Wetter; sie signalisiert, dass das Baden innerhalb der Markierungen ungefährlich ist. Die gelbe Fahne zeigt an, dass nur geübtere Schwimmer ins Wasser gehen sollten. Wenn die rote Fahne weht, ist das Baden verboten.
Das Baden oben ohne ist mittlerweile auch in Frankreich an vielen Orten zur Gewohnheit geworden. Generell sollte man auf die Gepflogenheiten am jeweiligen Strand achten. Nacktbaden sollte man nur an FKK-Stränden.

Wo geht es zum Strand?	Comment va-t-on à la plage ? kɔ'mã wa_tõ a la plasch?
Darf man hier baden?	On peut se baigner ici ? õ pö ßö bä'nje i'ßi?
Gibt es hier Strömungen?	Est-ce qu'il y a des courants ici ? äß_kil_ja de ku'rã i'ßi?
Wann ist *Ebbe / Flut*?	Quelle est l'heure de la marée *basse / haute* ? käl_ä lör dö la ma're *baß / ot*?
Gibt es hier Quallen?	Est-ce qu'il y a des méduses ici ? äß_kil_ja de me'düs i'ßi?

Ich möchte … ausleihen.	Je voudrais louer … schö wu'drä lu'e …
– einen Liegestuhl	– une chaise longue. ün schäs lõg.
– einen Sonnenschirm	– un parasol. ẽ para'ßɔl.
– ein Boot	– un bateau. ẽ ba'to.
Ich möchte einen *Tauchkurs / Windsurfkurs* machen.	Je voudrais suivre un cours de *plongée / planche à voile.* schö wu'drä ßüiwr ẽ kur dö *plõ'sche / pläsch_a woal.*
Kann man mit einem Fischerboot mitfahren?	Est-ce qu'on peut se faire emmener par un pêcheur ? äß_ kõ pö ßö fär ãm'ne par ẽ pä'schör?
Wie viel kostet es pro *Stunde / Tag*?	Quel est le tarif pour *une heure / une journée* ? käl ä lö ta'rif pur *ün_ör / ün schur'ne*?
Gibt es hier ein *Freibad / Hallenbad*?	Est-ce qu'il y a une piscine *découverte / couverte* ici ? äß_kil_ja ün pi'ßin deku'wärt / ku'wärt i'ßi?
Welche Münzen brauche ich für *das Schließfach / den Haartrockner*?	Pour le *vestiaire / sèche-cheveux*, qu'est-ce qu'il me faut comme pièces ? pur lö *wäß'tjär / ßäsch schö'wö*, käß_kil mö fo kɔm pjäß?

Würden Sie bitte kurz auf meine Sachen aufpassen?	Vous pourriez surveiller mes affaires un instant, s'il vous plaît ? wu pu'rje ßürwä'je mes_a'fär ën_ëß'tä, ßil wu plä?
Ich möchte … ausleihen.	Je voudrais louer … s̜chö wu'drä lu'e …
– eine Badekappe	– un bonnet de bain. ë bɔ'nä dö bë.
– eine Schwimm-brille	– des lunettes de piscine. de lü'nät dö pi'ßin.
– ein Handtuch	– une serviette de bain. ün ßär'wjät dö bë.
Wo sind die Duschen / Umkleidekabinen?	Où sont les douches / vestiaires? u ßõ le dusch / wäß'tjär?
Wo ist der Bademeister / die Erste-Hilfe-Station?	Où est le maître-nageur / poste de secours ? u ä lö 'mätrö na's̜chör / 'pɔßtö dö ßö'kur?

Weitere Wörter

baden	se baigner ßö bä'nje
Bootsverleih	la location de bateaux la lɔka'ßjõ dö ba'to
Dusche	la douche la dusch

fischen	pêcher pä'sche
FKK-Strand	la plage naturiste
	la plaſch natü'rißtö
Luftmatratze	le matelas pneumatique
	lö mat'la pnöma'tik
Meer	la mer la mär
Motorboot	le bateau à moteur
	lö ba'to a mɔ'tör
Muscheln	les coquillages le kɔki'jasch
Nichtschwimmer	le non-nageur lö nõna'schör
Rettungsring	la bouée de sauvetage
	la bu'e dö ßow'tasch
Ruderboot	le bateau à rames lö ba'to a ram
Sand	le sable lö 'ßablö
Sandstrand	la plage de sable
	la plaſch dö 'ßablö
Schatten	l'ombre 'lõbrö
Schlauchboot	le bateau pneumatique
	lö ba'to pnöma'tik
Schnorchel	le tube de plongée
	lö tüb dö plõ'sche
Schwimmbad	la piscine la pi'ßin
schwimmen	nager na'sche
Schwimmflossen	les palmes le 'palmö
Schwimmflügel	les brassards de natation
	le bra'ßar dö nata'ßjö
See (*Binnen-gewässer*)	le lac lö lak

Seeigel	l'oursin lur'ßẽ
Segelboot	le voilier lö woa'lje
Sonne	le soleil lö ßɔ'läj
Sonnenbrille	les lunettes de soleil
	le lü'nät dö ßɔ'läj
Sonnencreme	la crème solaire la kräm ßɔ'lär
Spielwiese	l'aire de jeux lär dö schö
Sprungbrett	le tremplin lö trã'plẽ
Strandbad	la plage gardée la plasch gar'de
Strandkorb	le fauteuil-cabine (en osier)
	lö fo'töj ka'bin (ãn＿o'sje)
Sturmwarnung	l'avis de tempête la'wi dö tã'pät
Surfbrett	la planche à voile
	la pläsch＿a woal
tauchen	plonger plõ'sche
Taucheranzug	la combinaison de plongée
	la kõbinä'sõ dö plõ'sche
Taucherausrüstung	l'équipement de plongée
	lekip'mã dö plõ'sche
Taucherbrille	les lunettes de plongée
	le lü'nät dö plõ'sche
Tretboot	le pédalo lö peda'lo
Umkleidekabine	la cabine la ka'bin
Wasser	l'eau lo
Wasserski	le ski nautique lö ßki no'tik
Welle	la vague la wag
Wellenbad	la piscine à vagues
	la pi'ßin＿a wag

Spiele

Bestimmt haben Sie in Frankreich schon eine Handvoll Leute mit ernsten Mienen um mehrere große und eine kleine Kugel stehen sehen. Es handelte sich dann sicher um eine schwierige Situation beim boules oder pétanque (*Boules-Spiel*). Boules ist nicht nur ein Sport, dessen Meister in unzähligen Boules-Turnieren ermittelt wird, boules hat auch eine wichtige soziale Funktion: Auf einem bestimmten Platz, meist unter Platanen, treffen sich Boules-Spieler und Zuschauer, die mehr oder weniger sachkundig jeden einzelnen Wurf kommentieren. Auch ohne Sprachkenntnisse können Sie hier mitspielen – vorausgesetzt Sie beherrschen die Regeln. Da man zum Spiel nur drei große Kugeln und eine kleine Kugel, genannt cochonnet (*Schweinchen*), benötigt, hat fast jeder Franzose einen Satz Kugeln dabei, wenn's zum Picknick geht – denn Mitspieler findet man fast überall.

Darf ich mitspielen?	Je peux jouer avec vous ? schö pö schu'e a'wäk wu?
Wir hätten gern einen Squashcourt für eine (halbe) Stunde.	Nous voudrions retenir un court de squash pour une (demi-)heure. nu wudri'jõ rötö'nir ē kur dö ßkoasch pur ün (dömi)ör.
Ich möchte ... ausleihen.	Je voudrais louer ... schö wu'drä lu'e ...

135

Wir hätten gern einen *Tennisplatz / Badmintonplatz* für eine (halbe) Stunde.

Nous voudrions retenir un court de *tennis / badminton* pour une (demi-)heure. nu wudri'jõ rötö'nir ē kur dö *te'niß / badmin'tɔn* pur ün (dömi)ör.

Wo kann man hier *Bowling / Billard* spielen?

Où est-ce qu'on peut jouer au *bowling / billard* ici ? u äß_kõ pö schu'e o *bu'ling / bi'jar* i'ßi?

Weitere Wörter

Ball (*größer*)	le ballon lö ba'lõ
Ball (*klein*)	la balle la bal
Basketball	le basket lö baß'kät
Beach-Volleyball	le beach-volley lö bitschwɔ'le
Boule-Kugel	la boule (de pétanque) la bul (dö pe'tãk)
Federball (*Spiel*)	le badminton lö badmin'tɔn
Fußball (*Ball*)	le football lö fut'bol
Golfplatz	le terrain de golf lö te'rẽ dö gɔlf
Handball	le handball lö ãd'bal
Kegelbahn	le bowling lö bu'ling
kegeln	jouer aux quilles schu'e o kij
Mannschaft	l'équipe le'kip
Minigolfplatz	le mini-golf lö mini'gɔlf
Schiedsrichter	l'arbitre lar'bitrö
Sieg	la victoire la wik'toar

136

Spiel	le jeu lö schö
spielen	jouer schu'e
Squash	le squash lö ßkoasch
Squashball	la balle de squash
	la bal dö ßkoasch
Squashschläger	la raquette de squash
	la ra'kät dö ßkoasch
Tennis	le tennis lö te'niß
Tennisball	la balle de tennis la bal dö te'niß
Tennisschläger	la raquette de tennis
	la ra'kät dö te'niß
Tischtennis	le ping-pong lö ping'pong
Tor	les buts le bü(t)
Tor (*Treffer*)	le but lö bü(t)
Torwart	le gardien de but lö gar'djë dö büt
unentschieden	match nul matsch nül
verlieren	perdre 'pärdrö
Volleyball	le volley lö wɔ'lä

Schlechtwetteraktivitäten

Haben Sie
*Spielkarten /
Gesellschaftsspiele*?

Vous avez des *cartes à jouer / jeux de
société* ? wus__a'we de kart__a
schu'e / schö dö ßoßje'te?

Können wir ein
Schachspiel
ausleihen?

Pouvons-nous louer un jeu d'échec ?
puwõ'nu lu'e ē schö de'schäk?

| Gibt es hier *eine Sauna / ein Fitnessstudio?* | Est-ce qu'il y a *un sauna / un club de sport* ici ? äß_kil_ja ē ßo'na / ē klöb dö ßpor i'ßi? |
| Bieten Sie auch *Aerobicstunden / Gymnastikstunden* an? | Est-ce que vous proposez aussi des cours *d'aérobic / de gymnastique* ? äß_kö wu propo'se o'ßi de kur *daero'bik / dö schimnaß'tik*? |

➡ für Hallenbad: Baden, Seite 130
➡ für Museen: Eintritt und Führungen, Seite 150
➡ für Kino: Kultur, Seite 157
➡ Internet, Seite 173

Wandern und Trekking

Info In ganz Frankreich gibt es Fernwanderwege, die durch die Abkürzung GR (für Grande Randonnée) und eine Nummer bezeichnet werden. Sie sind gut gesichert und überall einheitlich durch zwei waagerechte Striche in weiß und rot markiert. Auf den Wanderstrecken kann man in den Gîtes d'étape übernachten.

| Ich möchte *wandern nach … / auf den … steigen.* | Je voudrais *aller à … / monter sur le …* schö wu'drä *a'le a … / mô'te ßür lö …* |
| Wie weit ist es noch bis …? | C'est encore loin jusqu'à … ? ßät_ã'kɔr loë schüßka …? |

Können Sie mir eine *leichte / mittelschwere* Tour empfehlen?	Vous pourriez me recommander une randonnée *facile / de difficulté moyenne* ? wu pu'rje mö rökɔmä'de ün rādɔ'ne *fa'ßil / dö difikül'te moa'jän*?
Wie lange dauert sie?	Combien de temps dure-t-elle ? kõ'bjë dö tä dür__'täl?
Ist der Weg gut *markiert / gesichert*?	Le chemin est bien *balisé / protégé* ? lö schö'mä ä bjë *bali'se / prɔte'sche*?
Kann man unterwegs einkehren?	Est-ce qu'on trouve en route de quoi se restaurer ? äß__kõ truw ã rut dö koa ßö räß'tore?
Kann ich in diesen Schuhen gehen?	Est-ce que je peux y aller avec ces chaussures ? äß__kö schö pö j__a'le a'wäk ße scho'ßür?
Gibt es geführte Touren?	Est-ce qu'il y a des randonnées guidées ? äß__kil__ja de rādɔ'ne gi'de?
Um wie viel Uhr fährt die letzte Bahn hinunter?	A quelle heure descend le dernier téléphérique ? a käl__ör de'ßã lö där'nje telefe'rik?
Sind wir hier auf dem richtigen Weg nach …?	Est-ce que c'est le bon chemin pour aller à … ? äß__kö ßä lö bõ schö'mä pur a'le a …?

Berg	la montagne la mõ'tanj
Bergführer	le guide de montagne
	lö gid dö mõ'tanj
Bergschuhe	les chaussures de montagne
	le scho'ßür dö mõ'tanj
Bergsteigen	l'alpinisme lalpi'nismö
Bergwacht	les secours (en montagne)
	le ßö'kur (ã mõ'tanj)
Gipfel	le sommet lö ßɔ'mä
Hütte	le chalet lö scha'lä
joggen	faire du jogging
	fär dü dschɔ'ging
Jogging	le jogging lö dschɔ'ging
klettern	escalader äßkala'de
Proviant	les vivres le 'wiwrö
Schlucht	les gorges le 'gɔrschö
Schutzhütte	le refuge lö rö'füsch
schwindelfrei sein	ne pas avoir le vertige
	nö pas_a'woar lö wär'tisch
Seil	la corde la 'kɔrdö
Seilbahn	le téléphérique lö telefe'rik
Sessellift	le télésiège lö tele'ßjäsch
Steigeisen	les crampons le krã'põ
Teleskopstöcke	les bâtons télescopiques
	le ba'tõ teleßko'pik

Wanderkarte	la carte de randonnée
	la ˈkartö dö rãdɔˈne
wandern	faire des randonnées fär de rãdɔˈne
Wanderschuhe	les chaussures de randonnée
	le schoˈßür dö rãdɔˈne
Wanderweg	le sentier de randonnée
	lö ßãˈtje dö rãdɔˈne

Rad fahren

Ich möchte ein Fahrrad / Mountainbike mieten.	*Je voudrais louer un vélo / une mountain bike.* schö wuˈdrä luˈe ē weˈlo / ün maunˈtin ˈbaik.

Info Wenn man sich ein Fahhrad ausleiht, wird man sicher gefragt werden, welchen Radtyp man bevorzugt: *das Stadtfahrrad* le vélo de ville, *das Geländerad* le vélo tout terrain (VTT) oder *das Tourenrad* le vélo tout chemin (VTC).

Ich hätte gern ein Fahrrad mit … Gängen.	*Je voudrais un vélo avec … vitesses.* schö wuˈdrä ē weˈlo aˈwäk … wiˈtäß.
Haben Sie auch ein Fahrrad mit Rücktritt?	*Avez-vous aussi un vélo avec rétropédalage ?* aweˈwu oˈßi ē weˈlo aˈwäk retropedaˈlasch?

Können Sie mir die Sattelhöhe einstellen?	Pourriez-vous me régler la hauteur de la selle ? purje'wu mö re'gle la o'tör dö la ßäl?
Ich möchte es für … mieten.	Je voudrais le louer pour … schö wu'drä lö lu'e pur …
– einen Tag	– une journée. ün schur'ne.
– zwei Tage	– deux jours. dö schur.
– eine Woche	– une semaine. ün ßö'män.
Bitte geben Sie mir auch einen Fahrradhelm.	Donnez-moi aussi un casque (de vélo), s'il vous plaît. dɔne'moa o'ßi ē 'kaßkö (dö we'lo), ßil wu plä.
Haben Sie eine Radkarte?	Avez-vous une carte de randonnée à vélo ? awe'wu ün 'kartö dö rādɔ'ne a we'lo?

Fahrradflickzeug	le set de réparation pour vélo lö ßät dö repara'ßjõ pur we'lo
Fahrradkorb	le panier porte-bagages lö pa'nje pɔrtba'gasch
Handbremse	le frein à main lö frē a mē
Kinderfahrrad	le vélo pour enfant lö we'lo pur ã'fã

Kindersitz	le siège pour enfant
	lö ßjäsch pur ä'fã
Licht	le feu lö fö
Luftpumpe	la pompe à air la põp_a är
Radweg	la piste cyclable la 'pißtö ßi'klablö
Reifen	le pneu lö pnö
Reifenpanne	l'éclatement de pneu
	leklat'mã dö pnö
Rücklicht	le feu arrière lö fö a'rjär
Sattel	la selle la ßäl
Satteltaschen	les sacoches le ßa'kosch
Schlauch	la chambre à air la schãbr_a är
Ventil	la valve la 'walwö
Vorderlicht	le feu avant lö fö a'wã

Adventure-Sports

Ballonfliegen	le ballon lö ba'lõ
Bungee-Jumping	le saut à l'élastique lö ßo a lelaß'tik
Drachenfliegen	le deltaplane lö dälta'plan
Fallschirmspringen	le saut en parachute
	lö ßo ã para'schüt
Freeclimbing	la varappe la wa'rap
Gleitschirmfliegen	le parapente lö para'pãt
Kajak	le kayak lö ka'jak
Kanu	le canoë lö kano'e

143

Paragliding	le parapente lö para'pãt
Rafting	le rafting lö raf'ting
Regatta	la régate la re'gat
reiten	faire du cheval fär dü schö'wal
Ruderboot	le bateau à rames lö ba'to a ram
Segelfliegen	le vol à voile lö wɔl a woal
Segelflugzeug	le planeur lö pla'nör
segeln	faire de la voile fär dö la woal
Thermik	le courant ascensionnel
	lö ku'rã aßãßjɔ'näl

Wellness

Akupunktur	l'acuponcture laküpõk'tür
Algenbad	le bain aux algues lö bẽ os_alg
Aromaöl	l'huile parfumée lüil parfü'me
Ayurveda	la médecine ayurvédique
	la med'ßin ajürwe'dik
Dampfbad	le bain de vapeur
	lö bẽ dö wa'pör
Entschlackung	l'épuration lepüra'ßjõ
Fango	la boue la bu
Fußreflexzonen-	le massage des zones de réflexe du
massage	pied lö ma'ßasch de son dö
	re'fläkß dü pje
Heubad	le bain de foin lö bẽ dö foẽ

Kaltwasser-	l'hydrothérapie à l'eau froide
anwendungen	lidrotera'pi a lo froad
Lymphdrainage	le drainage lymphatique
	lö drä'nasch lēfa'tik
Massage	le massage lố ma'ßasch
Meditation	la méditation la medita'ßjõ
Sauna	le sauna lö ßo'na
Schlammbad	le bain de boue lö bē dö bu
Solarium	le solarium lö ßɔla'rjɔm
Thermalbad	le bain thermal lö bē tär'mal
Wechselbäder	les bains alternés (chauds et froids)
	le bē altär'ne (scho e froa)
Yoga	le yoga lö jo'ga

Wintersport

Ich möchte einen Skipass für …	Je voudrais un forfait pour … schö wu'drä ē fɔr'fä pur …
– einen (halben) Tag.	– une (demi-)journée. ün (dö'mi)schur'ne.
– zwei Tage.	– deux jours. dö schur.
– eine Woche.	– une semaine. ün ßö'män.
Il vous faut une photo d'identité. il wu fo ün fɔ'to didãti'te.	Sie brauchen ein Passbild.

Ab wie viel Uhr gilt der Halbtagespass?	Le forfait demi-journée est valable à partir de quelle heure ? lö fɔr'fä dömischur'ne ä wa'labl_a par'tir dö käl_ör?
Ab / Bis wie viel Uhr gehen die Lifte?	Les remontées marchent à partir de / jusqu'à quelle heure ? le römõ'te 'marschö a par'tir dö / schüßka käl_ör?
Wann ist die letzte Talfahrt?	La dernière cabine redescend à quelle heure ? la där'njär ka'bin röde'ßä a käl_ör?
Ich möchte … ausleihen.	Je voudrais louer … schö wu'drä lu'e …
– Langlaufski	– des skis de fond. de ßki dö fõ.
– Langlaufschuhe Größe …	– des chaussures de ski de fond, pointure … de scho'ßür dö ßki dö fõ, poë'tür …
– Alpinski	– des skis de descente. de ßki dö de'ßät.
– Skischuhe Größe …	– des chaussures de ski, pointure … de scho'ßür dö ßki, poë'tür …
– ein Snowboard	– un snowboard. ē ßno'bɔrd.
– Schlittschuhe Größe …	– des patins à glace, pointure … de pa'tē a glaß, poë'tür …
– einen Schlitten	– une luge. ün lüsch.

| Ich möchte einen Skikurs machen. | Je voudrais m'inscrire à un cours de ski. schö wu'drä mëß'krir a ē kur dö ßki. |
| Ich bin *Anfänger / ein mittelmäßiger Fahrer.* | Je suis un skieur *débutant / de niveau moyen.* schö ßüis_ē ßki'jör *debü'tã / dö ni'wo moa'jē.* |

Wintersport: weitere Wörter

Bindung	la fixation la fikßa'ßjö
Eisstockschießen	le curling lö kör'ling
Lawine	l'avalanche lawa'läsch
Lawinengefahr	le risque d'avalanche lö 'rißkö dawa'läsch
Loipe	la piste de ski de fond la 'pißtö dö ßki dö fö
rodeln	faire de la luge fär dö la lüsch
Schlepplift	le téléski lö teleß'ki
Schnee	la neige la näsch
Sessellift	le télésiège lö tele'ßjäsch
Skibrille	les lunettes de ski le lü'nät dö ßki
Skilehrer	le moniteur de ski lö mɔni'tör dö ßki
Skistöcke	les bâtons de ski le ba'tö dö ßki
Skiwachs	le fart lö far

147

Besichtigungen

Info In Paris können Sie mit den bateaux-mouches, gläsernen Ausflugsbooten, die Stadt von der Seine aus besichtigen. Anlegestellen gibt es unter anderem am Pont Neuf, Pont de l'Alma und Pont d'Iéna, unterhalb des Eiffelturms.

Touristeninformation

Info Das Französische Fremdenverkehrsamt *Maison de la France* bietet wichtige Reiseinformationen und -tipps online unter www.franceguide.com.

Wo ist die Touristen-information?	Où se trouve l'office du tourisme ? u ßö truw lɔ'fiß dü tu'rismö?
Ich möchte …	Je voudrais … schö wu'drä …
– einen Plan von der Umgebung.	– un plan des environs. ẽ plã des_ãwi'rõ.
– einen Stadtplan.	– un plan de la ville. ẽ plã dö la wil.
– einen U-Bahn-Plan.	– un plan du métro. ẽ plã dü me'tro.
– einen Veranstal-tungskalender.	– un calendrier des manifestations. ẽ kalãdri'je de manifäßta'ßjõ.

Gibt es *Stadt-rundfahrten / Stadtführungen*?	Est-ce qu'il y a des *tours guidés de la ville / visites guidées de la ville* ? äß_kil_ja de *tur gi'de dö la wil / wi'sit gi'de dö la wil*?
Haben Sie auch Prospekte auf Deutsch?	Vous avez aussi des prospectus en allemand ? wus_a'we o'ßi de proßpäk'tüß ãn_al'mã?
Was kostet die *Rundfahrt / Führung*?	Combien coûte *le tour guidé / la visite guidée* ? kõ'bjë kut *lö tur gi'de / la wi'sit gi'de*?
Wie lange dauert die *Rundfahrt / Führung*?	Combien de temps dure *le tour guidé / la visite guidée* ? kõ'bjë dö tã dür *lö tur gi'de / la wi'sit gi'de*?
Bitte *eine Karte / zwei Karten* für die Stadtrundfahrt.	*Un billet / Deux billets*, s'il vous plaît, pour le tour guidé de la ville. *ë bi'jä / dö bi'jä*, ßil wu plä, pur lö tur gi'de dö la wil.
Welche Sehens-würdigkeiten gibt es hier?	Qu'est-ce qu'il y a à voir ici ? käß_kil_ja a woar i'ßi?
Wann ist … geöffnet?	Quelles sont les heures d'ouverture de … ? käl ßõ les_ör duwär'tür dö …?

| Besichtigen wir auch …? | Est-ce que nous allons aussi visiter … ? äß_kö nus_a'lõ o'ßi wisi'te …? |
| Darf man fotografieren? | Est-ce qu'on a le droit de prendre des photos ? äß_kõn_a lö droa dö 'prãdrö de fɔ'to? |

➡ *Information, Seite 20*
➡ *Öffentlicher Nahverkehr, Seite 90*
➡ *Unterwegs, Seite 65*

Eintritt und Führungen

Info Der Besucherpass Musées Monuments ermöglicht unbegrenzten Zutritt zu ca. 70 Museen und Denkmälern in Paris und im Umkreis.
Er ist wahlweise für einen, drei oder fünf Tage gültig. Sie können ihn beim Pariser Fremdenverkehrsamt, in den Metrostationen oder bei den Sehenswürdigkeiten selbst kaufen.

| Wie viel kostet *der Eintritt / die Führung*? | Combien coûte *l'entrée / la visite guidée* ? kõ'bjë kut *lã'tre / la wi'sit gi'de*? |
| Gibt es auch Führungen auf Deutsch? | Est-ce qu'il y a aussi des visites guidées en allemand ? äß_kil_ja o'ßi de wi'sit gi'de ãn_al'mã? |

Gibt es eine Ermäßigung für …	Est-ce qu'il y a une réduction pour … äß_kil_ja ün redük'ßjõ pur …
– Familien?	– les familles nombreuses ? le fa'mij nõ'brös?
– Kinder?	– les enfants ? les_ã'fã?
– Senioren?	– les personnes du troisième âge ? le pär'ßɔn dü troa'sjäm_asch?
– Studenten?	– les étudiants ? les_etü'djã?
Wann beginnt die Führung?	A quelle heure commence la visite ? a käl_ör kɔ'mãß la wi'sit?
Eine Karte / Zwei Karten bitte.	*Un billet / Deux billets*, s'il vous plaît. ẽ bi'jä / dö bi'jä, ßil wu plä.
Zwei Erwachsene, zwei Kinder, bitte.	Deux adultes, deux enfants, s'il vous plaît. dös_a'dültö, dös_ã'fã, ßil wu plä.
Ich hätte gern einen Audio-Führer (auf *Deutsch / Englisch*).	Je voudrais un *audioguide* (en *allemand / anglais*). schö wu'drä ẽn_odio'gid (ãn_al'mã / ã'glä).
Haben Sie einen *Katalog / Führer*?	Vous avez ẽ *catalogue / guide* ? wus_a'we ẽ kata'lɔg / gid?
Haben Sie das Bild als *Poster / Postkarte*?	Vous avez cette image en *poster / carte postale*? wus_a'we ßät imasch ã *poß'tär / kart pɔß'tal*?

Die Museen sind in der Regel von 10 bis 19 Uhr geöffnet. Größere Museen bieten mittwochs und donnerstags meist auch Abendöffnungen. Städtische Museen sind in der Regel am Montag geschlossen, staatliche Museen hingegen am Dienstag.

Weitere Wörter

Abtei	l'abbaye labe'i
Altstadt	la vieille ville la wjäj wil
Amphitheater	l'amphithéâtre lãfite'atrö
antik	antique ã'tik
Aquädukt	l'aqueduc lak'dük
Arena	l'arène la'rän
Arkaden	les arcades les ar'kad
Ausflugsboot	la vedette d'excursion la wö'dät däkßkür'ßjõ
Ausgrabungen	les fouilles le fuj
Ausstellung	l'exposition läkßposi'ßjõ
Basilika	la basilique la basi'lik
Berg	la montagne la mõ'tanj
Bibliothek	la bibliothèque la biblio'täk
Bild	le tableau la ta'blo
Botanischer Garten	le jardin botanique lö schar'dẽ bɔta'nik
Brücke	le pont lö põ

Brunnen	la fontaine la fõ'tän
Burg	le château fort lö scha'to fɔr
Denkmal	le monument lö mɔnü'mã
Dom	la cathédrale la kate'dral
Festung	le fort lö fɔr
filmen	filmer fil'me
Flohmarkt	le marché aux puces lö mar'sche o püß
Fluss	la rivière la ri'wjär
Fremdenführer	le guide lö gid
Fremdenverkehrs- amt	le syndicat d'initiative lö ßẽdi'ka dinißja'tiw
Fresko	la fresque la 'fräßkö
Friedhof	le cimetière lö ßim'tjär
Fußgängerzone	la zone piétonne la son pje'tɔn
Galerie	la galerie la gal'ri
Gallier	les Gaulois le go'loa
Garten	le jardin lö schar'dẽ
Gebäude	l'édifice ledi'fiß
Gebirge	les montagnes le mõ'tanj
Gemälde	la peinture la pẽ'tür
geöffnet	ouvert u'wär
geschlossen	fermé fär'me
Glockenspiel	le carillon lö kari'jõ
Glockenturm	le clocher lö klo'sche
Gobelin	la tapisserie la tapiß'ri
Gottesdienst	l'office religieux lɔ'fiß röli'schjö
Grab	la tombe la tõb

153

Hafen	le port lö pɔr
Halbinsel	la péninsule la penē'ßül
Hauptstadt	la capitale la kapi'tal
Haus	la maison la mä'sõ
Höhle	la grotte la grɔt
Hotelverzeichnis	la liste des hôtels
	la 'lißtö des_o'täl
Hügel	la colline la kɔ'lin
Innenstadt	le centre-ville lö 'ßätrö wil
Inschrift	l'inscription lēßkrip'ßjõ
Insel	l'île lil
Jahrhundert	le siècle lö 'ßjäklö
Kapelle	la chapelle la scha'päl
Katakomben	les catacombes le kata'kõb
Katalog	le catalogue lö kata'lɔg
Kathedrale	la cathédrale la kate'dral
keltisch	celtique ßäl'tik
Kirche	l'église le'glis
Kloster (*Mönche*)	le monastère lö mɔnaß'tär
Kloster (*Nonnen*)	le couvent lö ku'wä
König	le roi lö roa
Königin	la reine la rän
Kopie	la copie la ko'pi
Kreuzgang	le cloître lö 'kloatrö
Malerei	la peinture la pē'tür
Markt	le marché lö mar'sche
Markthalle	les halles le al
Mausoleum	le mausolée lö mosɔ'le

Minarett	le minaret lö mina'rä
Mittelalter	le moyen âge lö moajän__'asch
Mosaik	la mosaïque la mɔsa'ik
Moschee	la mosquée la mɔß'ke
Museum	le musée lö mü'se
Nationalpark	le parc national lö park naßjɔ'nal
Naturschutzgebiet	le site naturel protégé lö ßit natü'räl prɔte'sche
Opernhaus	l'Opéra ɔpe'ra
Original	l'original ɔrischi'nal
Palast	le palais lö pa'lä
Park	le parc lö park
Platz	la place la plaß
Porträt	le portrait lö pɔr'trä
Rathaus	l'hôtel de ville lo'täl dö wil
restauriert	restauré räßto're
römisch	romain rɔ'mē
Ruine	les ruines le rüin
Saal	la salle la ßal
Sammlung	la collection la kɔläk'ßjõ
Sandstein	le grès lö grä
Säule	la colonne la kɔ'lɔn
Schatzkammer	le trésor lö tre'sɔr
Schloss	le château lö scha'to
Schlucht	les gorges le 'gɔrschö
See (Binnen- gewässer)	le lac lö lak
Skulptur	la sculpture la ßkül'tür

155

Stadion	le stade lö ßtad
Stadt	la ville la wil
Stadtmauer	les remparts le rã'par
Stadtteil	le quartier lö kar'tje
Stadttor	la porte de la ville
	la 'pɔrtö dö la wil
Sternwarte	l'observatoire lɔpßärwa'toar
Synagoge	la synagogue la ßina'gɔg
Tal	la vallée la wa'le
Theater	le théâtre lö te'atrö
Töpferei	la poterie la pɔt'ri
Tor	la porte la 'pɔrtö
Triumphbogen	l'arc de triomphe lark dö tri'ɔf
Turm	la tour la tur
Universität	l'université lüniwärßi'te
Volkskundemuseum	le musée des arts populaires
	lö mü'se des__ar pɔpü'lär
Vulkan	le volcan lö wɔl'kã
Wald	la forêt la fɔ'rä
Wallfahrtsort	le pèlerinage lö pälri'nasch
Wasserfall	la cascade la kaß'kad
Weinberge	les vignobles le wi'njɔblö
Weingut	la propriété vinicole
	la prɔprije'te wini'kɔl
Weinkeller	le caveau à vin lö ka'wo a wẽ
Weinprobe	la dégustation de vin
	la degußta'ßjõ dö wẽ
Zoo	le zoo lö so

Abendgestaltung

Kultur

Welche Veranstaltungen finden *diese / nächste* Woche statt?	Qu'est-ce qu'il y a *cette semaine / la semaine prochaine* comme manifestations ? käß_kil_ja ßät ßö'män / la ßö'män prɔ'schän kɔm manifäßta'ßjö?
Haben Sie einen Veranstaltungskalender?	Est-ce que vous avez un calendrier des manifestations ? äß_kö wus_a'we ẽ kalãdri'je de manifäßta'ßjö?
Was wird heute gespielt?	Qu'est-ce qu'on joue aujourd'hui ? käß_kõ schu oschur'düi?
Wo bekommt man Karten?	Où est-ce qu'on prend les billets ? u äß_kõ prã le bi'jä?
Wann beginnt …	A quelle heure commence … a käl_ör kɔ'mäß …
– die Vorstellung?	– la représentation ? la röpräsãta'ßjö?
– das Konzert?	– le concert ? lö kõ'ßär?
– der Film?	– le film ? lö film?
Kann man Karten reservieren lassen?	On peut réserver ? õ pö resär've?

Ab wann ist Einlass?	A quelle heure est-ce qu'on ouvre les portes ? a käl_ör äß_kön_'uwrö le 'pɔrtö?
Sind die Plätze nummeriert?	Les places sont numérotées ? le plaß ßõ nümerɔ'te?

Info Programmführer mit Veranstaltungsplänen für Feste, Trödelmärkte, Ausstellungen usw. können Sie an größeren Kiosken kaufen. In Paris sind das: Pariscope, L'Officiel des Spectacles, Zurban u.a.
Auch die Fremdenverkehrsbüros bieten Übersichten über die wichtigsten Veranstaltungen der Stadt oder Region.

Haben Sie noch Karten für *heute / morgen*?	Vous avez encore des billets pour *aujourd'hui / demain* ? wus_a'we ã'kɔr de bi'jä pur *oschur'düi / dö'mẽ*?
Bitte eine Karte für …	Un billet pour …, s'il vous plaît. ẽ bi'jä pur …, ßil wu plä.
– heute.	– aujourd'hui oschur'düi
– heute Abend.	– ce soir ßö ßoar
– morgen.	– demain dö'mẽ
– die Vorstellung um … Uhr.	– la séance de … heures la ße'ãß dö … ör
– den Film um … Uhr.	– le film de … heures lö film dö … ör

158

Ich hatte Karten vorbestellt auf den Namen …	*J'ai réservé des places au nom de Monsieur / Madame …* schä resär'we de plaß o nõ dö mö'ßjö / ma'dam …
Wie viel kostet eine Karte?	*Quel est le prix des billets ?* käl ä lö pri de bi'jä?
Gibt es eine Ermäßigung für …	*Est-ce qu'il y a une réduction pour …* äß_kil_ja ün redük'ßjõ pur …
– Kinder?	– *les enfants ?* les_ã'fã?
– Senioren?	– *les personnes du troisième âge ?* le pär'ßon dü troa'sjäm_asch?
– Studenten?	– *les étudiants ?* les_etü'djã?
Wann ist die Vorstellung zu Ende?	*À quelle heure se termine la représentation ?* a käl_ör ßö tär'min la röpräsãta'ßjõ?
Ich möchte ein Opernglas leihen.	*Je voudrais louer des jumelles.* schö wu'drä lu'e de schü'mäl.

An der Kasse

Abendkasse	la caisse la käß
ausverkauft	complet kõ'plä
erster Rang	le premier balcon lö prö'mje bal'kõ

Galerie	la galerie la gal'ri
links	à gauche a gosch
Loge	la loge la lɔsch
Mitte	le milieu lö mi'ljö
Parkett	le parterre lö par'tär
Platz	la place la plaß
Rang	le balcon lö bal'kõ
rechts	à droite a droat
Reihe	le rang lö rã
Stehplatz	la place debout
	la plaß dö'bu
Vorverkauf	la location la lɔka'ßjõ
zweiter Rang	le deuxième balcon
	lö dö'sjäm bal'kõ

Akt	l'acte 'laktö
Ballett	le ballet lö ba'lä
Chor	le chœur lö kör
Dirigent	le chef d'orchestre
	lö schäf dɔr'käßtrö
Festspiele	le festival
	lö fäßti'wal
Folkloreabend	la soirée folklorique
	la ßoa're fɔlklɔ'rik

Freilichtbühne	le théâtre de plein air
	lö te'atrö dö plän_är
Garderobe	le vestiaire lö wäß'tjär
Hauptrolle	le premier rôle
	lö prö'mje rol
Inszenierung	la mise en scène
	la mis_ã ßän
Kabarett	le cabaret lö kaba'rä
Kasse	la caisse la käß
Kino	le cinéma lö ßine'ma
Komponist	le compositeur
	lö kõposi'tör
Komponistin	la compositrice
	la kõposi'triß
Liederabend	le récital de chant
	lö reßi'tal dö schã
Musical	la comédie musicale
	la kome'di müsi'kal
Musik	la musique la mü'sik
Oper	l'opéra lɔpe'ra
Operette	l'opérette lɔpe'rät
Orchester	l'orchestre lɔr'käßtrö
Originalfassung	la version originale
	la wär'ßjõ ɔriʃi'nal
Pause	l'entracte lã'traktö
Platz	la place la plaß
Popkonzert	le concert pop
	lö kõ'ßär pɔp

Premiere	la première la prö'mjär
Programmheft	le programme lö prɔ'gram
Regisseur (*Film*)	le réalisateur
	lö realisa'tör
Regisseur (*Theater*)	le metteur en scène
	lö mä'tör ã ßän
Rockkonzert	le concert rock
	lö kõ'ßär rɔk
Sänger	le chanteur lö schä'tör
Sängerin (*Lieder*)	la chanteuse la schä'tös
Sängerin (*Oper*)	la cantatrice la kãta'triß
Schauspieler	l'acteur lak'tör
Schauspielerin	l'actrice lak'triß
Solist	le soliste lö ßɔ'lißtö
Solistin	la soliste la ßɔ'lißtö
Spielfilm	le film lö film
Stierkampf	la corrida la kɔri'da
synchronisiert	postsynchronisé
	pɔßtßẽkrɔni'se
Tänzer	le danseur lö dã'ßör
Tänzerin	la danseuse la dã'ßös
Theater	le théâtre lö te'atrö
Theaterstück	la pièce de théâtre
	la pjäß dö te'atrö
Untertitel	les sous-titres
	le ßu'titrö
Varieté	les variétés le warje'te
Zirkus	le cirque lö 'ßirkö

Ausgehen

Was kann man hier abends unternehmen?
Où est-ce qu'on peut sortir le soir par ici ? u äß_kõ pö ßɔr'tir lö ßoar par i'ßi?

Gibt es hier eine *nette Kneipe* / *Disco*?
Est-ce qu'il y a *un bistrot sympathique* / *une discothèque* par ici ? äß_kil_ja ē *biß'tro ßёpa'tik* / *ün dißko'täk* par i'ßi?

Wo kann man hier tanzen gehen?
Où est-ce qu'on peut aller danser par ici ? u äß_kõ pö a'le dã'ße par i'ßi?

Ist hier noch frei?
Cette place est encore libre ? ßät plaß ät_ã'kor 'librö?

Was *möchten Sie* / *möchtest du* trinken?
Qu'est-ce que *vous voulez* / *tu veux* boire ? käß_kö *wu wu'le* / *tü wö* boar?

➡ *Essen und Trinken, Seite 35*

Das Gleiche noch mal, bitte.
Un autre, s'il vous plaît. ēn_otr, ßil wu plä.

Bitte ohne Eis.
Sans glace, s'il vous plaît. ßã glaß, ßil wu plä.

Können Sie mir ein Taxi rufen?
Pouvez-vous m'appeler un taxi? puwe'wu map'le ē ta'kßi?

163

Bar	le bar lö bar
Blaskapelle	la fanfare la fã'far
Cocktail	le cocktail lö kɔk'täl
Drink	la boisson la boa'ßõ
laut	bruyant brü'jã
Livemusik	la musique (jouée en direct) la mü'sik (schu'e ã di'räkt)
Spielkasino	le casino lö kasi'no
Tanzabend	la soirée dansante la ßoa're dã'ßãt
Theke	le bar lö bar

Erledigungen

Bank	166
Post	169
Telefon	170
Internet	173

Bank

Entschuldigen Sie bitte, wo ist hier *eine Bank / ein Geldautomat*?	Pardon, vous pourriez m'indiquer *une banque / un distributeur automatique* dans le coin? par'dõ, wu pu'rje mēdi'ke ün bãk / ē dißtribü'tör otoma'tik dã lö koẽ?
Wo kann ich Geld wechseln?	Où est-ce que je peux changer de l'argent? u äß_kö schö pö schã'sche dö lar'schã?

Info   Die Öffnungszeiten der Banken können recht unterschiedlich sein. In der Regel sind Banken zwischen 12 h und 14 h geschlossen. Auch wenn die Bank offen hat, ist der Wechselschalter nicht unbedingt geöffnet. Banken, die Samstagvormittag (9 bis 12 h) offen haben, sind am Montag geschlossen.
Auf dem Land haben einige Banken Filialen eingerichtet, die nur an ein, zwei oder drei Tagen in der Woche – dazu zählt dann auch der Samstag – geöffnet haben.

Ich möchte … *Euro / Schweizer Franken* tauschen.	Je voudrais changer … *euros / francs suisses.* schö wu'drä schã'sche … ö'ro / frã ßüiß.
Wie hoch sind die Gebühren?	A combien s'élèvent les frais? a kõ'bjē ße'läw le frä?

Wie ist der Wechselkurs heute?

Quel est le taux de change aujourd'hui? käl ä lö to dö schäsch oschur'düi?

Ich möchte einen Reisescheck einlösen.

Je voudrais encaisser un chèque de voyage. schö wu'drä äkä'ße ē schäk dö woa'jasch.

Vos papiers, s'il vous plaît. wo pa'pje, ßil wu plä.

Ihren Ausweis bitte.

Une signature ici, s'il vous plaît. ün ßinja'tür i'ßi, ßil wu plä.

Unterschreiben Sie bitte hier.

En quelle coupure voulez-vous votre argent? ä käl ku'pür wule'wu wotr_ar'schä?

Wie möchten Sie das Geld haben?

In kleinen Scheinen, bitte.

Donnez-moi des petites coupures, s'il vous plaît. dɔne'moa de pö'tit ku'pür, ßil wu plä.

Geben Sie mir bitte auch etwas Kleingeld.

Donnez-moi aussi un peu de monnaie, s'il vous plaît. dɔne'moa o'ßi ē pö dö mɔ'nä, ßil wu plä.

Der Geldautomat hat meine Karte einbehalten.

Le distributeur automatique a retenu ma carte. lö dißtribü'tör otoma'tik a röt'nü ma kart.

Ich habe meine Geheimzahl vergessen.

J'ai oublié mon code (confidentiel). schä ubli'je mõ kɔd (kõfidã'ßjäl).

Weitere Wörter

Banküberweisung	le virement (bancaire) lö wir'mã (bã'kär)
Betrag	le montant lö mõ'tã
Euro	l'euro lö'ro
Eurochequekarte (EC-Karte)	la carte Eurochèque (la carte EC) la kart öro'schäk (la kart ö'ße)
Geheimzahl	le code secret lö kɔd ßö'krä
Geldautomat	le distributeur de billets lö dißtribü'tör dö bi'je
Kartennummer	le numéro de la carte lö nüme'ro dö la 'kartö
Kreditkarte	la carte de crédit la 'kartö dö kre'di
Kurs	le cours lö kur
Münze	la pièce la pjäß
Schalter	le guichet lö gi'schä
Scheckkarte	la carte d'identité bancaire la 'kartö didãti'te bã'kär
Sparkasse	la caisse d'épargne la käß de'parnj

Überweisung	le virement lö wir'mã
Unterschrift	la signature la ßinja'tür
Währung	la valeur la wa'lör
Wechselstube	le bureau de change
	lö bü'ro dö schãsch

Post

Wo ist *das nächste Postamt* / *der nächste Briefkasten*?	Où est la *poste* / *boîte aux lettres* la plus proche ? u ä la *'pɔßtö* / *boat͜_o 'lätrö* la plü prɔsch?
Was kostet *ein Brief* / *eine Karte* nach …	Combien coûte une *lettre* / *carte* pour … kõ'bjē kut ün *'lätrö* / *'kartö* pur …
Fünf Briefmarken zu …, bitte.	Cinq timbres à …, s'il vous plaît. ßēk tēbr͜_a …, ßil wu plä.
Diesen Brief … bitte.	Cette lettre …, s'il vous plaît. ßät 'lätrö …, ßil wu plä.
– per Luftpost	– par avion par a'wjõ
– per Express	– par exprès par äkß'präß
Ich möchte dieses Paket aufgeben.	Je voudrais poster ce colis. schö wu'drä pɔß'te ßö kɔ'li.
Haben Sie Post für mich?	Vous avez du courrier pour moi ? wus͜_a'we dü ku'rje pur moa?

Weitere Wörter

Absender	l'expéditeur läkßpedi'tör
Adresse	l'adresse la'dräß
Ansichtskarte	la carte postale la 'kartö pɔß'tal
Briefmarke	le timbre(-poste) lö tēbrö('pɔßtö)
Eilbrief	la lettre exprès la lätr äkß'präß
Empfänger	le destinataire lö däßtina'tär
Päckchen	le paquet lö pa'kä
Postleitzahl	le code postal lö kɔd pɔß'tal
schicken	envoyer āwoa'je
Sondermarke	le timbre spécial lö 'tēbrö ßpe'ßjal
Wertangabe	la valeur déclarée
	la wa'lör dekla're
Wertpaket	le colis à valeur déclarée
	lö ko'li a wa'lör dekla're
zerbrechlich	fragile fra'schil

Telefon

Wo kann ich hier telefonieren?	Où est-ce que je peux téléphoner ici ? u äß_ kö schö pö telefɔ'ne i'ßi?
Ich hätte gern eine Telefonkarte (zu … Einheiten).	Je voudrais une télécarte (à … unités). schö wu'drä ün tele'kartö (a … üni'te).

Ich hätte gerne eine Prepaid-Karte.	Je voudrais une carte prépayée. schö wu'drä ün kart 'prepäje.
Entschuldigung, ich brauche Münzen zum Telefonieren.	Excusez-moi, il me faudrait des pièces pour téléphoner. äkßküse'moa, il mö fo'drä de pjäß pur telefɔ'ne.
Wie ist die Vorwahl von …?	Quel est l'indicatif de … ? käl ä lēdika'tif dö …?
Hallo? Hier ist …	Allô ? Je suis … a'lo? schö ßüi …
Ich möchte … sprechen.	Je voudrais parler à … schö wu'drä par'le a …
Ne quittez pas. nö ki'te pa.	Ich verbinde.
À l'appareil. a lapa'räj.	Am Apparat.

... est en ligne en ce moment. ... ät_ã linj ã ßö mɔ'mã.

... spricht gerade.

... n'est malheureusement pas là. ... nä malörös'mã pa la.

... ist leider nicht da.

Pourrais-je transmettre quelque chose ? pu'räschö träß'mätrö kälkö schos?

Kann ich etwas ausrichten?

Restez en ligne, s'il vous plaît. räß'te ã linj, ßil wu plä.

Bitte bleiben Sie am Apparat.

Info Wenn Sie nach Deutschland telefonieren möchten: Sie wählen die Vorwahl 0049 (für Deutschland) und die gewünschte Nummer (ohne 0 vor der örtlichen Vorwahl).
Für Österreich lautet die Vorwahl 0043, für die Schweiz wählen Sie die 0041.

Die Verbindung ist schlecht.

La connexion est mauvaise. la kɔnä'kßjö ä mɔ'wäs.

Ich rufe später noch mal an.

Je rappelle plus tard. schö ra'päl plü tar.

Akku	les accus les a'kü
Handy	le téléphone portable
	lö tele'fɔn pɔr'tablö
Handynummer	le numéro de portable
	le 'nümero de pɔr'tablö
Ladegerät	le chargeur lə schar'schör
Mobiltelefon	le portable le portable
SMS	le texto lə tekß'to
Telefon	le téléphone lö tele'fɔn
Telefonnummer	le numéro de téléphone
	le 'nümero de tele'fɔn
Telefonzelle	la cabine (téléphonique)
	la ka'bin (telefo'nik)

Internet

Wo gibt es hier ein Internet-Café?	Où y a-t-il un cybercafé ici ?
	u ja__til ē ßibärka'fe i'ßi?
Ich möchte eine E-Mail senden.	Je voudrais envoyer un courriel.
	schö wu'drä ãwoa'je ē kur'jäl.
Welchen Computer kann ich benutzen?	Quel ordinateur est-ce que je peux utiliser ? käl ɔrdina'tör äß__kö
	schö pö ütili'se?

Was kostet das für eine Viertelstunde?	Combien ça coûte pour un quart d'heure ? kõ'bjē ßa kut pur ē kar dör?
Könnten Sie mir helfen?	Pourriez-vous m'aider ? purje'wu mä'de?
Ich möchte meine Mails checken.	Je voudrais lire mes courriels. schö wu'drä lir me kur'jäl.
Wie logge ich mich ein?	Comment est-ce que je peux me connecter? kɔ'mã äß_kö schö pö mö kɔnäk'te?
Bitte ändern Sie die Spracheinstellung auf *Deutsch / Englisch*.	Pouvez-vous changer la langue pour *l'allemand / l'anglais* s'il vous plaît? puwe'wu 'schäsche la läg pur *lal'mã / läg'lä* ßil wu plä?
Ich würde gerne etwas *ausdrucken / scannen*.	Je voudrais *imprimer / scanner* quelque chose. schö wu'drä *ēpri'me / ßka'ne* kälkö schos.
Der Computer ist abgestürzt.	L'ordinateur a planté. ɔrdina'tör a plä'te.

Ernstfall

Polizei   176

Gesundheit   178

Polizei

Wo ist das nächste Polizeirevier?	Où est le poste de police le plus proche ? u ä lö 'pɔßtö dö pɔ'liß lö plü prɔsch?
Ich möchte ... anzeigen.	Je voudrais dénoncer ... schö wu'drä denö'ße ...
– einen Diebstahl	– un vol. ĕ wɔl.
– einen Überfall	– une agression. ün _ agrä'ßjõ.
– eine Vergewaltigung	– un viol. ĕ wjɔl.

➡ *Panne und Unfall, Seite 83*

Man hat mir *meine Handtasche / mein Portemonnaie* gestohlen.	On m'a volé *mon sac à main / mon porte-monnaie.* õ ma wɔ'le *mõ ßak a mĕ / mõ pɔrtmɔ'nä.*

Info Die Aufgaben der Polizei übernehmen auf dem Land die gendarmes. Die gendarmerie ist zuständig für Verkehrsunfälle, Bergunfälle, Gesetzesübertretungen usw.

Mein Auto ist aufgebrochen worden.	On a ouvert ma voiture par effraction. õn _ a u'wär ma woa'tür par äfrak'ßjõ.

Ich habe ... verloren.	*J'ai perdu ...* schä pär'dü ...
Ich bin *betrogen / zusammenge-schlagen* worden.	*On m'a dupé / agressé.* õ ma *dü'pe / agrä'ße.*
Ich benötige eine Bescheinigung für meine Versicherung.	*J'ai besoin d'une attestation pour mon assurance.* schä bö'soë dün＿atäßta'ßjõ pur mõn＿aßü'räß.
Ich möchte mit meinem *Anwalt / Konsulat* sprechen.	*Je voudrais parler à mon avocat / avec mon consulat.* schö wu'drä par'le *a mõn＿awo'ka / a'wäk mõ kõßü'la.*
Ich bin unschuldig.	*Je suis innocent.* schö ßüis＿ino'ßã.
Remplissez ce formulaire, s'il vous plaît. rãpli'ße ßö formü'lär, ßil wu plä.	Füllen Sie bitte dieses Formular aus.
Vos papiers, s'il vous plaît. wo pa'pje, ßil wu plä.	Ihren Ausweis, bitte.
Cela s'est passé quand / où ? ßö'la ßä pa'ße kã / u?	*Wann / Wo* ist es passiert?

177

Anzeige	la plainte	la plɛ̃t
Autoradio	l'autoradio	lotora'djo
belästigen	importuner	ɛ̃pɔrtü'ne
Dieb	le voleur	lö wɔ'lör
Falschgeld	la fausse monnaie	la foß mɔ'nä
Fundbüro	le bureau des objets trouvés	lö bü'ro des_ɔb'schä tru'we
Polizei	la police	la pɔ'liß
Polizist	le gendarme	lö schä'darmö
Rauschgift	la drogue	la drɔg
Taschendieb	le pickpocket	lö pikpɔ'kät
Unfall	l'accident	lakßi'dã
verhaften	arrêter	arä'te
Zeuge	le témoin	lö te'moä
Botschaft (*diploma-tische Vertretung*)	l'ambassade	lãba'ßad

Gesundheit

Apotheke

Wo ist die nächste Apotheke (mit Nachtdienst)?	Où est la pharmacie (de garde) la plus proche ? u ä la farma'ßi (dö 'gardö) la plü prɔsch?

Haben Sie etwas gegen …?

Vous avez quelque chose contre … ?
wus͜a'we kälkö schos 'kōträ …?

➡ *Beschwerden, Seite 191*

Ich brauche dieses Medikament.

J'ai besoin de ce médicament.
schä bö'soä dö ßö medika'mã.

Eine kleine Packung genügt.

Une petite boîte suffira.
ün pö'tit boat ßüfi'ra.

Ce médicament est uniquement délivré sur ordonnance.
ßö medika'mã ät͜ünik'mã deli'wre ßür͜ɔrdɔ'nãß.

Dieses Medikament ist rezeptpflichtig.

Wie muss ich es einnehmen?

Comment est-ce que je dois le prendre ? kɔ'mã äß͜kö schö doa lö 'prãdrö?

Wann kann ich es abholen?

Vous l'aurez quand ? wu lo're kã?

Abführmittel	le laxatif lö lakßa'tif
Antibabypille	la pilule contraceptive
	la pi'lül kötraßäp'tiw
Antibiotikum	l'antibiotique lātibjɔ'tik
Augentropfen	le collyre lö kɔ'lir
Beruhigungsmittel	le calmant lö kal'mã
Desinfektionsmittel	le désinfectant lö desēfäk'tā
Elastikbinde	la bande élastique
	la bãd ela'ßtik
fiebersenkendes	le fébrifuge
Mittel	lö febri'füsch
Fieberthermometer	le thermomètre médical
	lö tärmɔ'mätrö medi'kal
Halsschmerz-	les cachets pour la gorge
tabletten	le ka'schä pur la 'gorschö
homöopathisch	homéopathique ɔmeɔpa'tik
Hustensaft	le sirop contre la toux
	lö ßi'ro 'kötrö la tu
Insulin	l'insuline lēßü'lin
Jod	l'iode ljɔd
Kohletabletten	les comprimés de charbon
	le kõpri'me dö schar'bõ
Kondome	les préservatifs le presärwa'tif
Kopfschmerz-	les comprimés contre le mal de tête
tabletten	le kõpri'me 'kötrö lö mal dö tät

Kreislaufmittel	le médicament pour la circulation du sang lö medika'mã pur la ßirküla'ßjõ dü ßã
Magentabletten	les comprimés contre les maux d'estomac le kõpri'me 'kõtrö le mo däßtɔ'ma
Mittel gegen ...	le remède contre ... lö rö'mäd 'kõtrö ...
Mullbinde	la bande de gaze la bãd dö gas
Nasentropfen	les gouttes pour le nez le gut pur lö ne
Ohrentropfen	les gouttes pour les oreilles le gut pur les_o'räj
Pflaster	le pansement lö pãß'mã
Puder	la poudre la 'pudrö
Pulver	la poudre la 'pudrö
Rezept	l'ordonnance lɔrdɔ'nãß
Salbe	la pommade la pɔ'mad
Salbe gegen Juckreiz	la pommade contre les démangeaisons la pɔ'mad 'kõtrö le demãʃɛ'sõ
Salbe gegen Mückenstiche	la pommade contre les piqûres de moustiques la pɔ'mad 'kõtrö le pi'kür dö muß'tik
Salbe gegen Sonnenallergie	la pommade contre les allergies au soleil la pɔ'mad 'kõtrö les_alär'ʃi o ßɔ'läj

Salbe gegen Sonnenbrand	la pommade contre les coups de soleil la pɔ'mad 'kõtrö le ku_t_ßɔ'läj
Schlaftabletten	les somnifères le ßɔmni'fär
Schmerzmittel	l'analgésique lanalsche'sik
Spritze	la piqûre la pi'kür
Tabletten gegen ...	les comprimés contre ... le kõpri'me 'kõtrö ...
Tropfen	les gouttes le gut
Verbandszeug	les pansements le pãß'mã
Wundsalbe	la pommade cicatrisante la pɔ'mad ßikatri'sãt
Zäpfchen	le suppositoire lö ßüposi'toar

Arztsuche

Können Sie mir einen *praktischen Arzt / Zahnarzt* empfehlen?	Est-ce que vous pouvez me recommander un *médecin généraliste / dentiste* ? äß_kö wu pu'we mö rökɔmã'de ē *med'ßē schenera'lißtö / dã'tißtö*?

➡ *Zahnarzt, Seite 196*

Spricht er *Deutsch / Englisch*?	Est-ce qu'il parle *allemand / anglais* ? äß_kil parl *al'mã / ã'glä*?
Wo ist seine Praxis?	Où est son cabinet ? u ä ßõ kabi'nä?

| Kann er herkommen? | Est-ce qu'il pourrait venir ? äß__kil pu'rä wö'nir? |
| Rufen Sie bitte einen *Krankenwagen / Notarzt!* | *Appelez une ambulance / le S.A.M.U.,* s'il vous plaît. ap'le *ün__äbü'lãß / lö ßa'mü,* ßil wu plä. |

Mein Mann / Meine Frau ist krank.	*Mon mari / Ma femme* est malade. mõ ma'ri / ma fam ä ma'lad.
Wohin bringen Sie *ihn / sie?*	Vous *le / la* transportez où ? wu *lö / la* träßpɔr'te u?
Ich möchte mitkommen.	Je voudrais venir avec. schö wu'drä wö'nir a'wäk.

Ärzte

Arzt / Ärztin	le médecin lö med'ßẽ
Augenarzt	l'oculiste lɔkü'lißtö
Frauenarzt	le gynécologue lö schineko'lɔg
Frauenärztin	la gynécologue la schineko'lɔg

183

Hals-Nasen-Ohren-Arzt	l'oto-rhino-laryngologiste lɔtɔrinolarẽgɔlɔˈschißtö
Hautarzt	le dermatologue lö därmatoˈlɔg
Heilpraktiker	le practicien de médecines parallèles lö pratiˈßjẽ dö medˈßin paraˈläl
Internist	le spécialiste des maladies internes lö ßpeßjaˈlißtö de malaˈdi ẽˈtärnö
Kinderarzt	le pédiatre lö peˈdjatrö
Orthopäde	l'orthopédiste lɔrthɔpeˈdißtö
Praktischer Arzt	le médecin généraliste lö medˈßẽ scheneraˈlißtö
Tierarzt	le vétérinaire lö weteriˈnär
Urologe	l'urologue lürɔˈlɔg
Zahnarzt	le dentiste lö dãˈtißtö

Beim Arzt

Ich habe …	J'ai … schä …
– Kopfschmerzen.	– mal à la tête. mal a la tät.
– Halsschmerzen.	– mal à la gorge. mal a la ˈgɔrschö.
– hohes Fieber.	– une forte fièvre. ün ˈfortö ˈfjäwrö.
– Fieber.	– de la fièvre. dö la ˈfjäwrö.
– Durchfall.	– la diarrhée. la djaˈre.

Ich bin (stark) erkältet.	J'ai un (gros) rhume. schä ē (gro) rüm.
Ich fühle mich nicht wohl.	Je ne me sens pas bien. schö nö mö ßā pa bjē.
Mir ist schwindelig.	J'ai des vertiges. schä de wär'tisch.
Mir tut / tun ... weh.	J'ai mal à / aux ... schä mal a / o ...

➡ *Der Körper, Seite 189*

Hier habe ich Schmerzen.	J'ai mal ici. schä mal i'ßi.

Info Ärzte und Ärztinnen werden in Frankreich einfach nur mit Docteur angeredet, ohne Monsieur, Madame oder den Familiennamen.

Ich habe mich (mehrmals) übergeben.	J'ai vomi (plusieurs fois). schä wo'mi (plü'sjör foa).
Ich habe mir den Magen verdorben.	J'ai l'estomac barbouillé. schä läßtɔ'ma barbu'je.
Ich bin ohnmächtig geworden.	J'ai perdu connaissance. schä pär'dü kɔnä'ßäß.
Ich kann ... nicht bewegen.	Je ne peux pas bouger ... schö nö pö pa bu'sche ...

Ich habe mich verletzt.	Je me suis blessé. schö mö ßüi ble'ße.
Ich bin gestürzt.	Je suis tombé. schö ßüi tõ'be.
Ich bin von … gestochen / gebissen worden.	J'ai été *piqué / mordu* par … schä e'te *pi'ke / mor'dü* par …
Ich bin (nicht) gegen … geimpft.	Je (ne) suis (pas) vacciné contre … schö (nö) ßüi (pa) wakßi'ne 'kõtrö …
Ich bin allergisch gegen Penizillin.	Je suis allergique à la pénicilline. schö ßüi alär'schik a la penißi'lin.
Ich habe einen *hohen / niedrigen* Blutdruck.	Je souffre d'*hypertension / hypotension*. schö 'ßufrö d‿ipärtã'ßjõ / ‿ipotã'ßjõ.
Ich habe einen Herzschrittmacher.	Je porte un pacemaker. schö pɔrt ē päßmä'kör.
Ich bin (im … Monat) schwanger.	Je suis enceinte (de … mois). schö ßüis‿ã'ßēt (dö … moa).
Ich bin Diabetiker.	Je suis diabétique. schö ßüi djabe'tik.
Ich nehme regelmäßig diese Medikamente.	Je prends régulièrement ces médicaments. schö prã regüljär'mã ße medika'mã.

Qu'est-ce que vous avez comme problèmes ? käß_kö wus_a'we kɔm prɔ'bläm?

Was für Beschwerden haben Sie?

Où avez-vous mal ? u awe'wu mal?

Wo haben Sie Schmerzen?

Ici, vous avez mal ? i'ßi, wus_a'we mal?

Tut das weh?

Ouvrez la bouche. u'wre la busch.

Öffnen Sie den Mund.

Montrez la langue. mõ'tre la lãg.

Zeigen Sie die Zunge.

Enlevez le haut, s'il vous plaît. ãl'we lö o, ßil wu plä.

Bitte machen Sie den Oberkörper frei.

Nous devons vous faire une radio. nu dö'wõ wu fär ün ra'djo.

Wir müssen Sie röntgen.

Avez-vous un carnet de vaccinations ? awe'wu ẽ kar'nä dö wakßina'ßjõ?

Haben Sie einen Impfpass?

Inspirez profondément. Ne respirez plus. ēßpi're prɔfõde'mã. nö räßpi're plü.	Atmen Sie tief. Atem anhalten.
Depuis quand avez-vous ces problèmes ? dö'püi kã awe'wu ße pro'bläm?	Wie lange haben Sie diese Beschwerden schon?
Il faut faire une analyse *de sang / d'urine*. il fo fär ün _ ana'lis *dö ßã / dü'rin*.	*Ihr Blut / Ihr Urin* muss untersucht werden.
Il faut vous opérer. il fo wus _ ɔpe're.	Sie müssen operiert werden.
Können Sie mir ein Attest ausstellen?	Est-ce que vous pourriez me faire un certificat ? äß _ kö wu pu'rje mö fär ē ßärtifi'ka?
Geben Sie mir bitte eine Quittung für meine Versicherung.	Pourriez-vous me donner une facture pour mon assurance, s'il vous plaît ? purje'wu mö dɔ'ne ün fak'tür pur mõn _ aßü'rãß, ßil wu plä?

Der Körper

Arm	le bras lö bra
Auge	l'œil, *pl:* les yeux löj, les___jö
Bandscheibe	le disque intervertébral lö dißk ētärwärte'bral
Bauch	le ventre lö 'wātrö
Becken	le bassin lö ba'ßē
Bein	la jambe la schãb
Blase	la vessie la we'ßi
Blinddarm	l'appendice lapã'diß
Blut	le sang lö ßã
Bronchien	les bronches le brõsch
Brust	la poitrine la poa'trin
Darm	les intestins les___ētäß'tē
Ferse	le talon lö ta'lõ
Finger	le doigt lö doa
Fuß	le pied lö pje
Galle	la bile la bil
Gehirn	le cerveau lö ßär'wo
Gelenk	l'articulation lartiküla'ßjõ
Gesäß	le séant lö ße'ã
Geschlechtsorgane	les organes génitaux les___ɔr'gan scheni'to
Gesicht	le visage lö wi'sasch
Hals (*äußerlich*)	le cou lö ku
Hals (*innerlich*)	la gorge la 'gɔrschö

189

Hand	la main la mẽ
Harnblase	la vessie la we'ßi
Haut	la peau la po
Herz	le cœur lö kör
Hüfte	la hanche la ãsch
Knie	le genou lö schö'nu
Kniescheibe	la rotule la rɔ'tül
Knöchel	la cheville la schö'wij
Knochen	l'os lɔß
Kopf	la tête la tät
Körper	le corps lö kɔr
Leber	le foie lö foa
Lunge	les poumons le pu'mõ
Magen	l'estomac läßtɔ'ma
Mandeln	les amygdales les_ami'dal
Mund	la bouche la busch
Muskel	le muscle lö 'müßklö
Nacken	la nuque la nük
Nase	le nez lö ne
Nebenhöhle	le sinus lö ßi'nüß
Nerv	le nerf lö när
Niere	le rein lö rẽ
Ohr	l'oreille lɔ'räj
Rippe	la côte la kot
Rücken	le dos lö do
Schienbein	le tibia lö ti'bja
Schilddrüse	la thyroïde la tiro'id
Schleimhaut	la muqueuse la mü'kös

Schlüsselbein	la clavicule la klawi'kül
Schulter	l'épaule le'pol
Sehne	le tendon lö tã'dõ
Stirn	le front lö frõ
Stirnhöhle	le sinus frontal lö ßi'nüß frõ'tal
Wade	le mollet lö mɔ'lä
Wirbelsäule	la colonne vertébrale la kɔ'lɔn wärte'bral
Zahn	la dent la dã
Zehe	l'orteil lɔr'täj
Zunge	la langue la lãg

Beschwerden

Abszess	l'abcès lab'ßä
Aids	le sida lö ßi'da
Allergie	l'allergie lalär'schi
Angina	l'angine lã'schin
ansteckend	contagieux kõta'schjö
Asthma	l'asthme 'lasmö
Atembeschwerden	les difficultés à respirer le difikül'te a räßpi're
Ausschlag	l'éruption cutanée lerüp'ßjõ küta'ne
Bänderriss	la déchirure des ligaments la deschi'rür de liga'mã

Bindehaut-entzündung	la conjonctivite la kŏs<u>c</u>hŏkti'wit
Biss	la morsure la mɔr'ßür
Blasenentzündung	la cystite la ßiß'tit
Blinddarm-entzündung	l'appendicite lapãdi'ßit
Blutvergiftung	la septicémie la ßeptiße'mi
Bronchitis	la bronchite la brŏ'schit
Diabetes	le diabète lŏ dja'bät
Durchfall	la diarrhée la dja're
Entzündung	l'inflammation lĕflama'ßjŏ
Erbrechen	les vomissements le wɔmiß'mã
Erkältung	le refroidissement lŏ röfroadiß'mã
Fieber	la fièvre la 'fjäwrŏ
Gallensteine	les calculs biliaires le kal'kül bi'ljär
gebrochen	cassé ka'ße
Gehirnerschütte-rung	la commotion cérébrale la komo'ßjŏ ßere'bral
Geschlechts-krankheit	la maladie vénérienne la mala'di wene'rjän
Grippe	la grippe la grip
Hämorriden	les hémorroïdes les＿emɔrɔ'id
Herpes	l'herpès lär'päß
Herzanfall	la crise cardiaque la kris kar'djak
Herzfehler	l'anomalie cardiaque lanɔma'li kar'djak
Herzinfarkt	l'infarctus lĕfark'tüß
Heuschnupfen	le rhume des foins lŏ rüm de foë

Hexenschuss	le lumbago lö lɛ̃ba'go
Hirnhaut-	la méningite
entzündung	la menẽ'schit
Husten	la toux la tu
Infektion	l'infection lɛ̃fäk'ßjõ
Keuchhusten	la coqueluche la kɔk'lüsch
Kinderlähmung	la poliomyélite la pɔljɔmje'lit
Kolik	la colique la ko'lik
Krampf	la crampe la krãp
Krebs	le cancer lö kã'ßär
Kreislaufstörungen	les troubles circulatoires
	le 'trublö ßirküla'toar
Lebensmittel-	l'intoxication alimentaire
vergiftung	lɛ̃tɔkßika'ßjõ alimã'tär
Leistenbruch	la hernie la är'ni
Lungenentzündung	la pneumonie la pnömɔ'ni
Magengeschwür	l'ulcère à l'estomac
	lül'ßär a läßtɔ'ma
Magenschmerzen	les maux d'estomac
	le mo däßtɔ'ma
Malaria	la malaria la mala'rja
Mandelentzündung	l'amygdalite lamida'lit
Masern	la rougeole la ru'schɔl
Menstruation	les menstruations le mäßtrüa'ßjõ
Migräne	la migraine la mi'grän
Mittelohr-	l'otite lɔ'tit
entzündung	
Mumps	les oreillons les_orä'jõ

193

Nasenbluten	les saignements de nez le ßänjö'mā dö ne
Neuralgie	la névralgie la newral'schi
Nierensteine	les calculs rénaux le kal'kül re'no
Pilzinfektion	la mycose la mi'kos
Prellung	la contusion la kõtü'sjõ
Röteln	la rubéole la rübe'ɔl
Scharlach	la scarlatine la ßkarla'tin
Scheiden-entzündung	la vaginite la waschi'nit
Schlaganfall	l'attaque (d'apoplexie) la'tak (dapɔplä'kßi)
Schnupfen	le rhume lö rüm
Schweißausbruch	les sueurs le ßu'ör
Schwellung	l'enflure lä'flür
Schwindel	les vertiges le wär'tisch
Sodbrennen	les brûlures (d'estomac) le brü'lür (däßtɔ'ma)
Sonnenbrand	le coup de soleil lö ku_ d_ ßɔ'läj
Sonnenstich	l'insolation lēßɔla'ßjõ
Stich	la piqûre la pi'kür
Tetanus	le tétanos lö teta'noß
(bösartiger / gutartiger) Tumor	la tumeur (maligne / bénigne) la tü'mör (ma'linj / be'ninj)
Übelkeit	le mal au cœur lö mal o kör
Verbrennung	la brûlure la brü'lür
Verletzung	la blessure la ble'ßür
verrenkt	luxé lü'kße

verstaucht	foulé fuˈle
Verstopfung	la constipation la kõßtipaˈßjõ
Windpocken	la varicelle la wariˈßäl
Wunde	la blessure la bleˈßür
Zeckenbiss	la piqûre de tique la piˈkür dö tik

Im Krankenhaus

| Gibt es hier jemanden, der Deutsch spricht? | Est-ce qu'il y a ici quelqu'un qui parle allemand ? äß__kil__ja iˈßi kälˈkē ki parl alˈmã? |

➡ *Beim Arzt, Seite 184*

| Ich möchte mich lieber in Deutschland operieren lassen. | Je préfère me faire opérer en Allemagne. schö preˈfär mö fär ɔpeˈre ãn__alˈmanj. |

| *Schwester / Pfleger*, könnten Sie mir bitte helfen? | *Infirmière / Infirmier*, pouvez-vous m'aider, s'il vous plaît ? *ēfirˈmjär / ēfirˈmje*, puweˈwu mäˈde, ßil wu plä? |

| Geben Sie mir bitte etwas *gegen die Schmerzen / zum Einschlafen*. | Donnez-moi quelque chose *contre la douleur / pour dormir*, s'il vous plaît. dɔneˈmoa kälkö schos *ˈkõtr la duˈlör / pur dɔrˈmir*, ßil wu plä. |

Zahnarzt

Dieser Zahn hier tut weh.
J'ai mal à cette dent.
ßchä mal a ßät dã.

Der Zahn ist abgebrochen.
La dent s'est cassée.
la dã ßä ka'ße.

Ich habe *eine Füllung / eine Krone* verloren.
J'ai perdu *un plombage / une couronne.* ßchä pär'dü ē plõ'baßch / ün ku'ron.

Können Sie den Zahn provisorisch behandeln?
Est-ce que vous pourriez soigner la dent de façon provisoire ? äß_kö wu pu'rje ßoa'nje la dã dö fa'ßõ prɔwi'soar?

Den Zahn bitte nicht ziehen.
S'il vous plaît, ne m'arrachez pas la dent. ßil wu plä, nö mara'ßche pa la dã.

Geben Sie mir bitte eine Spritze.
Faites-moi une injection, s'il vous plaît. fät'moa ün_ēßchäk'ßjõ, ßil wu plä.

Können Sie diese Prothese reparieren?
Pourriez-vous réparer cette prothèse ? purje'wu repa're ßät prɔ'täs?

Vous avez besoin …
wus_a'we bö'soё …
Sie brauchen …

196

Je dois extraire la dent. schö doa äkß'trär la dã.	Ich muss den Zahn ziehen.
Rincez bien. rẽ'ße bjẽ.	Bitte gut spülen.
Ne rien manger pendant deux heures, s'il vous plaît. nö rjẽ mã'sche pã'dã dös‿ör, ßil wu plä.	Bitte zwei Stunden nichts essen.

Weitere Wörter

Abdruck	l'empreinte lã'prẽt
Amalgamfüllung	l'amalgame lamal'gam
Gebiss (*Prothese*)	le dentier lö dã'tje
Goldinlay	le plombage en or lö plõ'basch ãn‿or
Inlay	l'inlay lin'lä
Karies	la carie la ka'ri
Kiefer	la mâchoire la ma'schoar
Kunststofffüllung	le composite lö kõpo'sit
Nerv	le nerf lö när
Parodontose	la parodontose la parodõ'tos

Porzellanfüllung	le plombage en porcelaine
	lö plõ'basch ã pɔrßö'län
Provisorium	le traitement provisoire
	lö trät'mã prɔwi'soar
Weisheitszahn	la dent de sagesse
	la dã dö ßa'schäß
Wurzel	la racine la ra'ßin
Wurzelbehandlung	le traitement de la racine
	lö trät'mã dö la ra'ßin
Zahn	la dent la dã
Zahnfleisch	la gencive la schã'ßiw
Zahnfleisch-	l'inflammation de la gencive
entzündung	lēflama'ßjõ dö la schã'ßiw
Zahnspange	l'appareil dentaire lapa'räj dã'tär
Zahnstein	le tartre lö 'tartrö

Zeit und Wetter

Zeit	200
Wetter	206

Zeit

Uhrzeit

Wie spät ist es?	Quelle heure est-il ? käl__ör ätil?
Es ist 1 Uhr.	Il est une heure. il__ä ün__ör.
Es ist 12 Uhr *mittags / nachts*.	Il est *midi / minuit*. il__ä *mi'di / mi'nüi*.
Es ist 5 (Minuten) nach 4.	Il est quatre heures cinq. il__ä katr__ör ßëk.
Es ist Viertel nach 5.	Il est cinq heures et quart. il__ä ßëk__ör e kar.
Es ist halb 7.	Il est six heures et demie. il__ä ßis__ör e dö'mi.

Info Zur Angabe der Zeit bevorzugt man in Frankreich eher die Zahlen von 1–24. Wenn Sie also die Uhrzeit angeben wollen, sagen Sie zum Beispiel statt *Es ist halb drei* besser *Es ist 14 h 30* (quatorze heures et demie).

Es ist 15 Uhr 35.	Il est quinze heures trente-cinq. il__ä kës__ör trät'ßëk.
Es ist Viertel vor 9.	Il est neuf heures moins le quart. il__ä nöw__ör moë l__kar.

Es ist 10 (Minuten) vor 8.	Il est huit heures moins dix. il_ä üit_ör moë diß.
Um wie viel Uhr?	A quelle heure ? a käl_ör?
Um 10 Uhr.	A dix heures. a dis_ör.
Bis 11 Uhr.	Jusqu'à onze heures. schüßka õs_ör.
Von 8 bis 9 Uhr.	De huit heures à neuf heures. dö üit_ör a növ_ör.
Zwischen 10 und 12 Uhr.	Entre dix et douze. 'ãtrö diß_e dus.
In einer halben Stunde.	Dans une demi-heure. dãs_ün dömi'ör.
Es ist (zu) spät.	Il est (trop) tard. il_ä (tro) tar.
Es ist noch zu früh.	Il est encore trop tôt. il_ät_ã'kɔr tro to.

Allgemeine Zeitangaben

Abend; abends	le soir lö ßoar
bald	bientôt bjē'to
bis	jusqu'à schüßka
früh	tôt to
gestern	hier jär

halbe Stunde	la demi-heure la dömi'ör
heute	aujourd'hui oschur'düi
heute Abend	ce soir ßö ßoar
heute Morgen	ce matin ßö ma'tē
heute Nachmittag	cet après-midi ßät_aprämi'di
in 14 Tagen	dans quinze jours dā kēs schur
Jahr	l'année la'ne
jetzt	maintenant mēt'nā
manchmal	quelquefois kälkö'foa
Minute	la minute la mi'nüt
mittags	à midi a mi'di
Monat	le mois lö moa
morgen	demain dö'mē
Morgen; morgens	le matin lö ma'tē
Nachmittag;	l'après-midi
nachmittags	laprämi'di
nächstes Jahr	l'année prochaine la'ne prɔ'schän
Nacht; nachts	la nuit la nüi
seit	depuis dö'püi
Sekunde	la seconde la ßö'gōd
spät	tard tar
später	plus tard plü tar
Stunde	l'heure lör
Tag	le jour lö schur
übermorgen	après-demain aprädö'mē
um	vers wär
Viertelstunde	le quart d'heure lö kar dör
vor einem Monat	il y a un mois il_ja ē moa

vorgestern	avant-hier awã'tjär
vor Kurzem	il y a peu de temps il_ja pö dö tã
Vormittag; vormittags	le matin lö ma'tẽ
Woche	la semaine la ßö'män
Zeit	le temps lö tã

Jahreszeiten

Frühling	le printemps lö prẽ'tã
Sommer	l'été le'te
Herbst	l'automne lo'tɔn
Winter	l'hiver li'wär

Datum

Den Wievielten haben wir heute?	On est le combien aujourd'hui? õn_ä lö kõ'bjẽ oschur'düi?
Heute ist der 2. Juli.	Aujourd'hui, on est le deux juillet. oschur'düi, õn_ä lö dö schüi'jä.
Bis zum 10. März.	Jusqu'au dix mars. schüßko di marß.
Wir reisen am 20. August ab.	Nous partons le vingt août. nu par'tõ lö wẽ ut.

203

Wochentage

Montag	lundi lɛ̃'di
Dienstag	mardi mar'di
Mittwoch	mercredi märkrö'di
Donnerstag	jeudi s̮chö'di
Freitag	vendredi wãdrö'di
Samstag, Sonnabend	samedi ßam'di
Sonntag	dimanche di'mãsch

Monate

Januar	janvier s̮chã'wje
Februar	février fewri'je
März	mars marß
April	avril a'wril
Mai	mai mä
Juni	juin s̮chüε̃
Juli	juillet s̮chüi'jä
August	août ut
September	septembre ßäp'tãbrö
Oktober	octobre ɔk'tɔbrö
November	novembre nɔ'wãbrö
Dezember	décembre de'ßãbrö

Feiertage

Feiertage

Allerheiligen	la Toussaint la tu'ßẽ
Fastnachtsdienstag	le mardi gras lö mar'di gra
Fronleichnam	la fête du Saint Sacrement
	la fät dü ßẽ ßakrö'mã
Heiligabend	la veille de Noël la wäj dö nɔ'äl
Himmelfahrt	l'Ascension laßã'ßjõ
Karfreitag	le vendredi saint lö wãdrö'di ßẽ
Mariä Himmelfahrt	l'Assomption laßõp'ßjõ
Neujahr	le jour de l'an lö schur dö lã
Ostern	Pâques pak
Pfingsten	la Pentecôte la pãt'kot
Silvester	la Saint-Sylvestre la ßẽ ßil'wäßtrö
Weihnachten	Noël nɔ'äl
1. Weihnachtstag	Noël (le vingt-cinq décembre)
	nɔ'äl (lö wẽt'ßẽk de'ßãbrö)

Wetter

Was für ein *schönes / schlechtes* Wetter heute!	Quel *beau / mauvais* temps, aujourd'hui ! käl bo /mo'wä tã, o∫chur'düi!
Wie wird das Wetter *heute / morgen*?	Quel temps va-t-il faire *aujourd'hui / demain* ? käl tã watil fär o∫chur'düi / dö'më?
Was sagt der Wetterbericht?	Que dit la météo ? kö di la mete'o?

Es ist …   Il fait … il fä …

- schön.   – beau. bo.
- schlecht.   – mauvais. mo'wä.
- warm.   – chaud. scho.
- heiß.   – très chaud. trä scho.
- kalt.   – froid. froa.
- schwül.   – lourd. lur.

Es wird *Regen / ein Gewitter* geben.	Il va y avoir *de la pluie / un orage*. il wa j‿a'woar *dö la plüi / ēn‿ɔ'rasch*.
Die Sonne scheint.	Le soleil brille. lö ßɔ'läj brij.
Es ist ziemlich windig.	Il y a pas mal de vent. il‿ja pa mal dö wã.

206

Es regnet.	Il pleut. il plö.
Es schneit.	Il neige. il näsch.
Wie viel Grad haben wir?	Quelle est la température ? käl_ä la tãpera'tür?
Es sind … Grad (über / unter null).	Il fait … degrés (au-dessus / au-dessous de zéro). il fä … dö'gre (o dö'ßü / o dö'ßu dö se'ro).

Weitere Wörter

bewölkt	nuageux nüa'schö
Blitz	l'éclair le'klär
Dämmerung (abends)	le crépuscule lö krepüß'kül
Dämmerung (morgens)	l'aube lob
diesig	brumeux brü'mö
Donner	le tonnerre lö tɔ'när
feucht	humide ü'mid
es friert	il gèle il schäl
Frost	le gel lö schäl
Glatteis	le verglas lö wär'gla
Grad	le degré lö dö'gre
Hagel	la grêle la gräl
Hitze	la grosse chaleur la groß scha'lör

Hitzewelle	la vague de chaleur
	la wag dö scha'lör
Hoch	l'anticyclone lātißi'klon
Klima	le climat lö kli'ma
kühl	frais, f: fraîche frä, fräsch
Luft	l'air lär
Mond	la lune la lün
nass	mouillé mu'je
Nebel	le brouillard lö bru'jar
Niederschläge	les précipitations le preßipita'ßjö
Nieselregen	le crachin lö kra'schē
Regenschauer	l'averse la'wärß
regnerisch	pluvieux plü'wjö
Schnee	la neige la näsch
Sonnenaufgang	le lever du soleil lö lö'we dü ßɔ'läj
Sonnenuntergang	le coucher du soleil
	lö ku'sche dü ßɔ'läj
sonnig	ensoleillé ãßɔlä'je
Stern	l'étoile le'toal
Sturm	la tempête la tã'pät
stürmisch	orageux ɔra'schö
Temperatur	la température la tãpera'tür
Tief	la dépression la deprä'ßjö
trocken	sec, f: sèche ßäk, ßäsch
Unwetter	l'orage b'rasch
wechselhaft	capricieux kapri'ßjö
Wind	le vent lö wã
Wolke	le nuage lö nü'asch

Reisewörterbuch

Deutsch - Französisch

A

abbiegen tourner tur'ne
Abend le soir lö ßoar
Abendessen le dîner
lö di'ne
aber mais mä
abfahren partir par'tir
Abfahrt le départ
lö de'par
abholen aller chercher
a'le schär'sche
sich abmelden déclarer
son départ dekla're ßõ
de'par
abreisen partir par'tir
absagen annuler anü'le
abschließen fermer à clé
fär'me a kle
absichtlich exprès
äkß'prä
Abstand la distance
la diß'tãß
abwesend absent a'pßã

abziehen déduire de'düir
Adresse l'adresse f
la'dräß
aktiv actif ak'tif
Akzent l'accent m la'kßã
alle tous m/sg tuß,
toutes f/sg tut
allein seul ßöl
alles tout tu
als (zeitl) quand kã;
(Vergleich) que kö;
~ ob comme si kɔm ßi
also donc dõk
alt vieux wjö, f: vieille
wjäj
Alter l'âge m lasch
Ampel le feu (de
signalisation) lö fö
(dö ßinjalisa'ßjõ)
sich amüsieren s'amuser
ßamü'se
anbieten offrir ɔ'frir
Andenken le souvenir
lö ßuw'nir
anderer autre 'otrö
ändern changer
schä'sche

209

Anfang le début lö de'bü
anfangen commencer
  kɔmã'ße
Anfänger le débutant
  lö debü'tã; ~in
  la débutante la debü'tãt
anfordern réclamer
  rekla'me
Angebot l'offre f 'lɔfrö
angenehm agréable
  agre'ablö
angezogen habillé abi'je
Angst la peur la pör
anhalten arrêter arä'te;
  (selbst) s'arrêter ßarä'te
anklopfen frapper fra'pe
ankommen arriver ari'we
Ankunft l'arrivée f lari'we
annehmen accepter
  akßä'pte; (vermuten)
  supposer ßüpo'se
annullieren annuler
  anü'le
anrufen téléphoner
  telefɔ'ne
ansehen regarder
  rögar'de
Ansichtskarte la carte
  postale la 'kartö pɔß'tal

anstatt au lieu de o ljö dö
anstoßen trinquer trɛ̃'ke
sich anstrengen faire des
  efforts fär des_e'fɔr
anstrengend fatigant
  fati'gã
Antrag la demande
  la dö'mãd
Antwort la réponse
  la re'põß
antworten répondre
  re'põdrö
anwesend présent pre'sã
Anzahlung l'acompte m
  la'kõt
anzeigen (Polizei) déposer
  une plainte depo'se ün
  plɛ̃t
sich anziehen s'habiller
  ßabi'je
anzünden allumer alü'me
Apparat l'appareil m
  lapa'räj
Arbeit le travail lö tra'waj
arbeiten travailler
  trawa'je
arbeitslos sein être au
  chômage ätr o
  scho'masch

210

sich ärgern se fâcher
ßö fa'sche

arm pauvre 'powrö

Aschenbecher le cendrier
lö ßãdri'je

auch aussi o'ßi

auf sur ßür

aufbewahren garder
gar'de

aufbrechen partir par'tir

Aufenthalt le séjour
lö ße'schur

aufgeregt excité äkßi'te

aufhören s'arrêter
ßarä'te

aufmachen ouvrir u'wrir

aufpassen faire attention
fär atã'ßjõ

aufräumen ranger
rã'sche

sich aufregen s'énerver
ßenär'we

aufschieben remettre
rö'mätrö

aufschreiben noter nɔ'te

aufstehen se lever
ßö lö'we

aufwachen se réveiller
ßö rewä'je

aufwärts vers le haut
wär lö o

Aufzug l'ascenseur m
laßã'ßör

Augenblick l'instant m
lẽß'tã

ausdrücken exprimer
äkßpri'me

ausdrücklich exprès
äkß'prä

Ausflug l'excursion f
läkßkür'ßjõ

ausfüllen (Formular)
remplir rã'plir

Ausgang la sortie la ßɔr'ti

ausgeben dépenser
depã'ße

ausgebucht complet
kõ'plä

ausgehen sortir ßɔr'tir

ausgezeichnet excellent
äkße'lã

Auskunft le renseignement
lö rãßänj'mã

Ausland l'étranger m
letrã'sche; im ~ à
l'étranger a letrã'sche

ausländisch étranger
etrã'sche

211

ausmachen (*vereinbaren*)
convenir kõwö'nir;
(*Licht*) éteindre
e'tēdrö
auspacken défaire ses
valises de'fär ße wa'lis
ausreichen suffire ßü'fir
sich ausruhen se reposer
ßö röpɔ'se
ausschalten (*Licht*) éteindre
e'tēdrö; (*Maschine*)
arrêter arä'te
außer à part a par
außerhalb à l'extérieur
a läkßte'rjör
Aussicht la vue la wü
aussprechen prononcer
prɔnõ'ße
aussteigen descendre
de'ßådrö
Ausstellung l'exposition f
läkßposi'ßjõ
Austausch l'échange m
le'schäsch
Ausverkauf les soldes f/sg
le 'ßɔldö
ausverkauft complet
kõ'plä
Auswahl le choix lö schoa

auswählen choisir
schoa'sir
Ausweis la pièce d'identité
la pjäß didäti'te
sich ausziehen se
déshabiller ßö desabi'je
Automat le distributeur
automatique
lö dißtribü'tör ɔtɔma'tik

B

Bad le bain lö bē;
(*Badezimmer*) la salle de
bains la ßal dö bē
bald bientôt bjē'to
Balkon le balcon
lö bal'kõ
Bank la banque la bāk;
(*Parkbank*) le banc lö bā
bar comptant kõ'tā; ~
zahlen payer comptant
pä'je kõ'tā
Bargeld l'argent m liquide
lar'schā li'kid
Batterie la pile la pil;
(*Auto*) la batterie
la bat'ri

bauen construire
kõß'trüir

Baum l'arbre *m* 'larbrö

Baustelle le chantier
lö schä'tje

beantworten répondre
re'põdrö

bedauern regretter
rögrä'te

bedeuten signifier
ßinji'fje

bedienen servir ßär'wir

Bedingung la condition
la kõdi'ßjõ

sich beeilen se dépêcher
ßö depä'sche

beenden terminer
tärmi'ne

befestigen fixer fi'kße

sich befinden se trouver
ßö tru'we

begegnen rencontrer
räkõ'tre

begeistert enthousiasmé
ãtusjas'me

beginnen commencer
kõmã'ße

begleiten accompagner
akõpa'nje

begreifen comprendre
kõ'prãdrö

begrüßen saluer ßalü'e

behalten garder gar'de

behaupten affirmer
afir'me

behindern gêner schä'ne

beide les deux le dõ;
alle ~ tous les deux
tu le dõ

beinahe presque 'präßkö

Beispiel l'exemple *m*
lä'gsãplö; zum ~ par
exemple par ä'gsãplö

beißen mordre 'mordrö

bekannt connu kɔ'nü

bekommen recevoir
rößö'woar

belästigen importuner
ẽpɔrtü'ne

beleidigen insulter
ẽßül'te

bemerken remarquer
römar'ke

benachrichtigen prévenir
prew'nir

benutzen utiliser ütili'se

beobachten observer
ɔpßär'we

213

bequem confortable
kõfɔr'tablö

Berg la montagne
la mõ'tanj

Beruf la profession
la prɔfä'ßjõ

beruhigen calmer kal'me

berühmt célèbre
ße'läbrö

berühren toucher
tu'sche

beschädigen abîmer
abi'me

beschäftigen occuper
ɔkü'pe

beschließen décider
deßi'de

beschreiben décrire
de'krir

beschützen protéger
prɔte'sche

sich beschweren se plaindre
ßö 'plɛdrö

besetzt occupé ɔkü'pe

besichtigen visiter wisi'te

besitzen posséder
pɔße'de

besorgen procurer
prɔkü're

214

besprechen discuter
dißkü'te

besser meilleur mä'jör;
mieux adv mjö

bestätigen confirmer
kõfir'me

Bestätigung la confirmation
la kõfirma'ßjõ

bestellen commander
kɔmã'de

Bestellung la commande
la kɔ'mãd

bestrafen punir pü'nir

Besuch la visite la wi'sit

Betrag le montant
lö mõ'tã

betrügen tromper trõ'pe;
(um Geld) escroquer
äßkrɔ'ke

beunruhigt inquiet ɛ'kjä

bevorzugen préférer
prefe're

bewacht surveillé
ßürwä'je

bewegen bouger bu'sche

Bewegung le mouvement
lö muw'mã

Beweis la preuve la pröw

beweisen prouver pru'we

Bewohner l'habitant *m*
  labi'tã

bewundern admirer
  admi're

Bewusstsein la conscience
  la kõ'ßjäß

bezahlen payer pä'je

bilden former fɔr'me

billig bon marché bõ
  mar'sche; ~er meilleur
  marché mä'jör
  mar'sche

bis jusqu'à schüßka

Biss la morsure
  la mɔr'ßür

ein bisschen un peu ẽ pö

bitte s'il vous plaît ßil wu
  plä; (*gern geschehen*)
  je vous en prie schö
  wus_ã pri; wie ~?
  pardon? par'dõ?

bitten (j-n um etw)
  demander (quelque chose
  à quelqu'un) dömã'de
  (kälkö schos a käl'kẽ)

bleiben rester räß'te

blind aveugle a'wöglö

blühen fleurir flö'rir

Blume la fleur la flör

Boden le sol lö ßɔl

Botschaft (*diplomatische
  Vertretung*) l'ambassade *f*
  lãba'ßad

Brand l'incendie *m*
  lẽßã'di

Brauch l'usage *m*
  lü'sasch

brauchen (etwas) avoir
  besoin (de) a'woar
  bö'soẽ (dö)

breit large 'larschö

brennen brûler brü'le

Brief la lettre la 'lätrö

Brieftasche le portefeuille
  lö pɔrtö'föj

Brille les lunettes *f/sg*
  le lü'nät

Brücke le pont lö põ

Bruder le frère lö frär

Buch le livre lö 'liwrö

buchen réserver
  resär'we

buchstabieren épeler
  ep'le

Buchung la réservation
  la resärwa'ßjõ

Büro le bureau
  lö bü'ro

215

D

dafür à la place a la plaß;
  ~ sein être pour 'ätrö
  pur
dagegen par contre par
  'kôtrö; ~ sein être contre
  'ätrö 'kôtrö
damals autrefois otrö'foa
danach après a'prä
danke merci mär'ßi
danken remercier
  römär'ßje
dann ensuite ã'ßüit
dass que kö
Datum la date la dat
dauern durer dü're
denken (an) penser (à)
  pã'ße (a)
denn car kar
deshalb c'est pourquoi ßä
  pur'koa
deutlich clair klär
deutsch allemand al'mã
Deutschland l'Allemagne f
  lal'manj
dick épais e'pä;
  (Menschen) gros gro

Ding la chose la schos
direkt direct di'räkt
doch (als Antwort) si ßi
doppelt double 'dublö
Dorf le village lö wi'lasch
dort là-bas la'ba
Dose la boîte la boat
Dosenöffner l'ouvre-
  boîte m luwrö_'boat
draußen dehors dö'ɔr
drehen tourner tur'ne
dringend urgent ür'schã;
  d'urgence adv
  dür'schäß
drinnen dedans dö'dã
drohen menacer
  möna'ße
drüben de l'autre côté
  de 'lotrö ko'te
du tu tü; (betont) toi toa
dumm bête bät
dunkel sombre 'ßõbrö
dünn mince mëß
durch par par; quer ~
  à travers a tra'wär
dürfen pouvoir pu'woar
Durst la soif la ßoaf
Dusche la douche
  la dusch

216

echt authentique otã'tik

Ecke le coin lö koẽ

das ist mir egal cela m'est égal ßö'la mät_e'gal

Ehe le mariage lö ma'rjasch

Ehefrau la femme la fam

Ehemann le mari lö ma'ri

eilig pressé pre'ße; ich habe es ~ je suis pressé schö ßüi pre'ße

ein simple ẽ, ~e une f ün

einfach simple 'ßẽplö

Eingang l'entrée f lã'tre

einige quelques 'kälkö

einkaufen faire des courses fär de kurß

einladen inviter ẽwi'te

Einladung l'invitation f lẽwita'ßjõ

einmal une fois ün foa

einpacken emballer ãba'le

einschalten brancher brã'sche

einschlafen s'endormir ßãdɔr'mir

einsteigen monter mõ'te

Eintritt l'entrée f lã'tre

einverstanden sein être d'accord 'ätrö da'kɔr

einwickeln envelopper ãwlɔ'pe

einzeln séparément adv ßepare'mã

einzig unique ü'nik

elektrisch électrique eläk'trik

Eltern les parents m/sg le pa'rã

empfangen recevoir rößö'woar

Empfang (Hotel) la réception la reßäp'ßjõ

empfehlen recommander rökɔmã'de

empfindlich sensible ßã'ßiblö

Ende (zeitl) la fin la fẽ; (örtl) le bout lö bu

enden se terminer ßö tärmi'ne

eng étroit e'troa

Entfernung la distance
la diß'täß

enthalten contenir
kõtö'nir

entschädigen dédommager
dedɔma'sche

entscheiden décider
deßi'de

entschuldigen excuser
äkßkü'se

enttäuschen décevoir
deßö'woar

entweder ... oder ou
bien ... ou bien u bjë
u bjë

er il il; (betont) lui lüi

Erdgeschoss le rez-de-chaussée
lö redscho'ße

erfahren apprendre
a'prädrö

Erfahrung l'expérience f
läkßpe'rjäß

erfinden inventer ëwä'te

Erfolg le succès lö ßü'kßä

ergänzen compléter
kõple'te

Ergebnis le résultat
lö resül'ta

sich erinnern se souvenir
ßö ßuw'nir; sich an etw
erinnern se rappeler
quelque chose ßö rap'le
kälkö schos

Erinnerung le souvenir
lö ßuw'nir

erklären expliquer
äkßpli'ke

erlauben permettre
pär'mätrö

Erlaubnis l'autorisation f
lɔtɔrisa'ßjõ

Ermäßigung la réduction
la redük'ßjõ

ernst sérieux ße'rjö

erreichen atteindre
a'tëdrö; (Zug usw.)
attraper atra'pe

ertragen supporter
ßüpɔr'te

Erwachsene f l'adulte m, f
la'dültö; ~r m
l'adulte m, f la'dültö

erwähnen mentionner
mäßjɔ'ne

erwarten attendre
a'tädrö

erzählen raconter rakõ'te

218

essen manger mãˈsche;
~ gehen aller manger (au restaurant) aˈle mãˈsche
(o räßtoˈrã)
Etage l'étage m leˈtasch
etwas quelque chose kälˈkö schos; (ein wenig) un peu (de) ẽ pö (dö)
Euro l'euro m löˈro
Europa l'Europe f löˈrɔp

F

Faden le fil lö fil
fahren aller aˈle; (lenken) conduire kõˈdüir
Fahrrad la bicyclette la bißiˈklät
Fahrstuhl l'ascenseur m laßãˈßör
Fahrt le trajet lö traˈschä
Fall le cas lö ka
fallen tomber tõˈbe
falsch faux fo, f: fausse foß
Familie la famille la faˈmij
fangen attraper atraˈpe
Farbe la couleur la kuˈlör

fast presque ˈpräßkö
fehlen manquer mãˈke
Fehler défaut m deˈfo; (Schuld) faute f fot
Feiertag le jour férié lö schur feˈrje
Feld le champ lö schã
Fels le rocher lö rɔˈsche
Fenster la fenêtre la föˈnätrö
Ferien les vacances f/sg le waˈkãß
Fernsehen la télévision la telewiˈsjõ
fertig prêt prä
fest solide ßɔˈlid
feucht humide üˈmid
Feuer le feu lö fö
Feuerzeug le briquet lö briˈkä
finden trouver truˈwe
fischen pêcher päˈsche
flach plat pla
Flamme la flamme la flam
Flasche la bouteille la buˈtäj
Fleck la tache la tasch
fliegen voler wɔˈle
fließen couler kuˈle

219

Fluss la rivière la ri'wjär

flüssig liquide li'kid

folgen suivre 'ßüiwrö

fordern exiger ägsi'sche

Formular le formulaire
lö fɔrmü'lär

fortsetzen continuer
kõti'nüe

fotografieren prendre des
photos 'prãdrö de fɔ'to

Frage la question
la käß'tjõ

fragen demander
dömã'de

Frankreich la France
la frãß

französisch français
frã'ßä

Frau la femme la fam;
(Anrede oder mit Namen)
madame ma'dam

frei libre 'librö

Freude la joie la schoa

Freund l'ami m la'mi;
~in l'amie f la'mi

freundlich aimable
ä'mablö

frieren avoir froid
a'woar froa

220

frisch frais frä, f: fraîche
fräsch

froh content kõ'tã

früh tôt to

fühlen sentir ßã'tir

führen conduire kõ'düir

funktionieren fonctionner
fõkßjɔ'ne

für pour pur

fürchten avoir peur
a'woar pör

fürchterlich terrible
tä'riblö

Fußgänger le piéton
lö pje'tõ

G

ganz tout tu; complète-
ment adv kõplät'mã

Garantie la garantie
la garã'ti

Garten le jardin
lö schar'dẽ

Gas le gaz lö gas

Gast l'invité lẽwi'te;
(zahlender Gast) le client
lö kli'jã

geben donner dɔ'ne

Gebirge les montagnes f/sg
lə mõ'tanj

gebrauchen utiliser
ütili'se

Geburtstag l'anniversaire m
laniwär'ßär

Gedanke l'idée f li'de

Geduld la patience
la pa'ßjäß

geduldig patient pa'ßjä

Gefahr le danger
lö dã'sche

gefährlich dangereux
däsch'rö

gefallen plaire plär

Gefühl le sentiment
lö ßãti'mã

Gegend la région
la re'schjõ

Gegenstand l'objet m
lɔb'schä

Gegenteil le contraire
lö kõ'trär; im ~ au
contraire o kõ'trär

gegenüber (von) vis-à-vis
(de) wisa'wi (dö)

Geheimnis le secret
lö ßö'krä

gehen (zu Fuß) marcher
mar'sche; (irgendwohin)
aller a'le; Wie geht's?
Ça va? ßa wa?

gehören appartenir
apartö'nir

Geld l'argent m lar'schã

Gelegenheit l'occasion f
lɔka'sjõ

gelingen réussir reü'ßir

gemeinsam commun
kɔ'mõ

genau exact e'gsakt

genug assez a'ße

geöffnet ouvert u'wär

Gepäck les bagages m/sg
le ba'gasch

geradeaus tout droit
tu droa

Geräusch le bruit lö brüi

Gericht (Essen) le plat
lö pla; (Justiz) le tribunal
lö tribü'nal

gern volontiers wɔlõ'tje

Geruch l'odeur f lɔ'dör

Gesang (der) chant lö schã

Geschäft (Laden)
le magasin lö maga'sẽ;
(Handel) l'affaire f la'fär

221

geschehen arriver ari'we
Geschenk le cadeau
  lö ka'do
Geschirr la vaisselle
  la wä'ßäl
Geschlecht le sexe
  lö ßäkß
geschlossen fermé fär'me
Geschmack le goût lö gu
Geschwindigkeit la vitesse
  la wi'täß
Gesetz la loi la loa
gesperrt barré ba're
Gespräch la conversation
  la kõwärßa'ßjõ
gestern hier jär
gestohlen volé wɔ'le
gestürzt tombé tõ'be
Gesundheit la santé
  la ßã'te
Getränk la boisson
  la boa'ßõ
getrennt séparé ßepa're
Gewohnheit l'habitude f
  labi'tüd
gießen arroser aro'se
giftig (Tier) venimeux
  wöni'mö; (Pflanze)
  vénéneux wene'nö

Gipfel le sommet
  lö ßɔ'mä
Glas le verre lö wär
glatt (rutschig) glissant
  gli'ßã
glauben croire kroar
gleichzeitig en même
  temps ã mäm tã
Glück la chance la schäß
glücklich heureux ö'rö
Glückwünsche
  les félicitations f/sg
  le felißita'ßjõ
Gras l'herbe f 'lärbö
gratis gratuit gra'tüi
gratulieren féliciter
  felißi'te
Grenze la frontière
  la frõ'tjär
groß grand grã
Größe (Kleidung) la taille
  la taj; (Schuhe)
  la pointure la poẽ'tür
Grund la raison la rä'sõ
Gruppe le groupe
  lö grup
gültig valable wa'lablö
gut bon bõ;
  bien adv bjä

222

H

haben avoir a'woar; ich
  hätte gern j'aimerais
  schäm'rä
halb demi dö'mi; à moitié
  adv a moa'tje
Hälfte la moitié
  la moa'tje
Halt! Stop! ßtɔp!
halten tenir tö'nir;
  (*stehenbleiben*) s'arrêter
  ßarä'te
Handtuch la serviette
  la ßär'wjät
hart dur dür
Hauptsaison la haute saison
  la ot ßä'sõ
Haus la maison la mä'sõ
hausgemacht (fait) maison
  (fä) mä'sõ
heiraten (j-n) se marier (avec
  quelqu'un) ßö ma'rje
  (a'wäk käl'kẽ)
heiß chaud scho
heißen (*bedeuten*) signifier
  ßinji'fje; (*sich nennen*)
  s'appeler ßap'le

heizen chauffer scho'fe
Heizung le chauffage
  lö scho'fasch
helfen aider ä'de
herabsetzen (*Preis*) baisser
  bä'ße
heraufsetzen (*Preis*)
  augmenter ɔgmã'te
Herein! Entrez! ã'tre!
hereinkommen entrer
  ã'tre
Herr monsieur mö'ßjö
herstellen fabriquer
  fabri'ke
heute aujourd'hui
  oschur'düi
hier ici i'ßi
Hilfe l'aide *f* läd
Himmel le ciel lö ßjäl
hinaufgehen monter
  mõ'te
hinausgehen sortir ßɔr'tir
hineingehen entrer ã'tre
hinter derrière där'jär
hinuntergehen descendre
  de'ßãdrö
Hitze la chaleur
  la scha'lör
hoch haut o

223

höchstens au plus o plüß
Hochzeit le mariage
 lö ma'rjasch
Hof la cour la kur
hoffen espérer äßpe're
Hoffnung l'espoir m
 läß'poar
höflich poli pɔ'li
Höhe la hauteur la o'tör;
 (Berg, Flugzeug)
 l'altitude f lalti'tüd
holen aller chercher a'le
 schär'sche
Holz le bois lö boa
hören entendre ã'tãdrö
hübsch joli schɔ'li
Hügel la colline la kɔ'lin
Hund le chien lö schjẽ
Hunger la faim la fẽ

I

ich je schö;
 (betont) moi moa
Idee l'idée f li'de
ihr (2. Pers pl) vous wu
Imbiss le casse-croûte
 lö kaß'krut

immer toujours
 tu'schur
in dans dã, en ã
inbegriffen compris
 kõ'pri
informieren informer
 ẽfɔr'me
innen dedans dö'dã
innerhalb (zeitl) en ã
Insel l'île f lil
insgesamt en tout ã tu
interessant intéressant
 ẽtere'ßã
interessieren intéresser
 ẽtere'ße; sich ~ (für)
 s'intéresser (à)
 ßẽterä'ße (a)
inzwischen entre-temps
 ãtrö'tã
sich irren se tromper
 ßö trõ'pe
Irrtum l'erreur f lä'rör

J

ja oui ui
Jahr l'an m lã; (als Dauer)
 l'année f la'ne

Jahrhundert le siècle
lö 'ßjäklö
jedesmal chaque fois
schak foa
jemand quelqu'un käl'kē
jetzt maintenant mēt'nā
jung jeune schön
Junge le garçon lö gar'ßõ

K

Kalender le calendrier
lö kalãdri'je
kalt froid froa
Kamin la cheminée
la schömi'ne
kaputt cassé ka'ße
Kasse la caisse la käß
kaufen acheter asch'te
kein aucun *adj m* o'kē;
personne *n m, f* pär'ßɔn
Keller la cave la kaw
kennen connaître
kɔ'nätrö
kennenlernen (j-n) faire la
connaissance (de) fär la
kɔnä'ßäß (dö)
Kilo le kilo lö ki'lo

Kilometer le kilomètre
lö kilɔ'mätrö
Kind l'enfant *m* lã'fã
kleben coller kɔ'le
klein petit pö'ti
klettern grimper grē'pe
Klingel la sonnette
la ßɔ'nät
klingeln sonner ßɔ'ne
klopfen frapper fra'pe
klug intelligent ēteli'schã
Knopf le bouton lö bu'tõ
Knoten le nœud lö nö
kochen faire la cuisine fär
la küi'sin; das Wasser
kocht l'eau bout lo bu
kommen venir wö'nir
Kondom condom kõ'dõ
können pouvoir pu'woar
Konsulat le consulat
lö kõßü'la
kontrollieren contrôler
kõtro'le
Korb le panier lö pa'nje
korrekt correct kɔ'räkt
kosten coûter ku'te
kostenlos gratuit gra'tüi
Krach le bruit lö brüi
Kraft la force la 'fɔrßö

225

kräftig fort fɔr

krank malade ma'lad;
~ werden tomber malade
tõ'be ma'lad

Krankheit la maladie
la mala'di

Küche la cuisine la küi'sin

kühl frais frä, f: fraîche
fräsch

Kühlschrank le réfrigéra-
teur lö refrischera'tör

sich kümmern (um)
s'occuper (de) ßɔkü'pe
(dö)

Kunde le client lö kli'jã

Kundin la cliente la kli'jãt

Kunst l'art m lar

kurz court kur;
brièvement adv
briäw'mã

Kuss le baiser lö bä'se

küssen embrasser
ãbra'ße

L

lächeln sourire ßu'rir

lachen rire rir

lächerlich ridicule ridi'kül

Lage la situation
la ßitüa'ßjõ

Lampe la lampe la lãp

lang long lõ, f: longue
lõg; longtemps adv
lõ'tã

langsam lent lã

langweilig ennuyeux
ãnüi'jõ

lassen laisser lä'ße

laufen courir ku'rir

laut bruyant brü'jã;
~ sprechen parler fort
par'le fɔr

läuten sonner ßɔ'ne

Lawine l'avalanche f
lawa'lãsch

Leben la vie la wi

leben vivre 'wiwrö

ledig célibataire
ßeliba'tär

leer vide wid

legen mettre 'mätrö

leicht (Gewicht) léger
le'sche; (einfach) facile
fa'ßil

leider malheureusement
malõrös'mã

226

lernen apprendre
a'prãdrö

lesen lire lir

letzter dernier där'nje

Leute les gens le schã

Licht la lumière
la lü'mjär

lieb cher schär

Liebe l'amour *m* la'mur

lieben aimer ä'me

lieber mögen préférer
prefe're

Lied la chanson
la schã'ßõ

liefern livrer li'wre

liegen être couché 'ätrö
ku'sche; (*sich befinden*)
se trouver ßö tru'we

Linie la ligne la linj

links à gauche a gosch

Liste la liste la 'lißtö

Liter le litre lö 'litrö

Loch le trou lö tru

Lohn le salaire lö ßa'lär

löschen éteindre e'tẽdrö

Lösung la solution
la ßolü'ßjõ

Luft l'air *m* lär

lüften aérer ae're

Luftverschmutzung
la pollution de l'air
la pɔlü'ßjõ dö lär

Lüge le mensonge
lö mã'ßõsch

lügen mentir mã'tir

Lust haben (zu) avoir
envie (de) a'woar ã'wi
(dö)

lustig amusant amü'sã

M

machen faire fär; das
macht nichts cela ne fait
rien ßõ'la nö fä rjẽ;
Urlaub ~ passer des
vacances pa'ße de
wa'kãß

Mädchen la jeune fille
la schön fij; kleines ~
la petite fille la pö'tit fij

mager maigre 'mägrö

Mama maman *f* ma'mã

man on õ

manchmal quelquefois
kälkö'foa

Mann l'homme *m* lɔm

227

Markt le marché
lö mar'sche

Maschine la machine
la ma'schin

Material (*Stoff*) la matière
la ma'tjär

Matratze le matelas
lö mat'la

Mauer le mur lö mür

Meer la mer la mär

mehr plus plü(ß)

mehrere plusieurs
plü'sjör

mehrmals plusieurs fois
plü'sjör foa

Mehrwertsteuer la TVA
la tewe'a

meinen penser pā'ße

melden annoncer anõ'ße

Menge la quantité
la kāti'te; (*Menschen*)
la foule la ful

Mensch l'homme *m* lɔm

menschlich humain ü'mē

merken remarquer
römar'ke; sich ~ se
rappeler ßö rap'le

merkwürdig étrange
e'trāsch

messen mesurer
mösü're

Meter le mètre lö 'mätrö

Miete le loyer lö loa'je

mieten louer lu'e

minderjährig mineur
mi'nör

mindestens au moins
o moẽ

Minute la minute
la mi'nüt

Mischung le mélange
lö me'lāsch

Misstrauen la méfiance
la me'fjāß

Missverständnis
le malentendu
lö malātā'dü

mit avec a'wäk

Mitglied le membre
lö 'mäbrö

mitkommen accompagner
akõpa'nje

Mittag le midi lö mi'di

Mitte le milieu lö mi'ljö

Mitteilung l'information *f*
lẽfɔrma'ßjõ

Möbel le meuble
lö 'möblö

modern moderne
mɔ'därnö

mögen aimer ä'me;
ich möchte je voudrais
schö wu'drä

möglich possible pɔ'ßiblö

Möglichkeit la possibilité
la pɔßibili'te

Moment le moment
lö mɔ'mã

Monat le mois lö moa

Mond la lune la lün

Morgen le matin lö ma'tɛ̃

morgen demain dö'mɛ̃

Motor le moteur
lö mɔ'tör

müde fatigué fati'ge

Mühe la peine la pän;
es ist nicht der ~ wert
cela ne vaut pas la peine
ßö'la nö wo pa la pän

Müll les ordures f/sg
les _ɔr'dür

Mülleimer la poubelle
la pu'bäl

Münze la pièce la pjäß

Musik la musique
la mü'sik

müssen devoir dö'woar

Mutter la mère la mär

Muttersprache la langue
maternelle la lãg
matär'näl

N

nach (zeitl) après a'prä

Nachbar le voisin
lö woa'sɛ̃; ~in la voisine
la woa'sin

nachdenken réfléchir
refle'schir

nachher après a'prä

Nachmittag l'après-midi m
laprämi'di

Nachricht (Botschaft)
le message lö me'ßasch;
eine ~ hinterlassen laisser
un message lä'ße ɛ̃
me'ßasch; ~en (TV)
les informations f/sg
les _ɛ̃fɔrma'ßjõ

Nachsaison la basse saison
la baß ßä'sõ

nächster prochain
prɔ'schɛ̃; (Reihenfolge)
suivant ßüi'wã

Nacht la nuit la nüi
nackt nu nü
nah proche prɔsch
in der Nähe (von) près (de)
  prä (dö)
Name le nom lö nõ
nass mouillé mu'je
Natur la nature la na'tür
natürlich naturel
  natü'räl; bien sûr *adv*
  bjẽ ßür
neben (j-m) à côté (de)
  a ko'te (dö)
negativ négatif nega'tif
nehmen prendre 'prãdrö
nein non nõ
nervös nerveux när'wö
nett gentil schã'ti
Netz le filet lö fi'lä
neu nouveau nu'wo
neugierig curieux kü'rjö
Neuigkeit la nouveauté
  la nuwo'te
nicht ne ... pas nö pa
niedrig bas ba
niesen éternuer etärnü'e
noch encore ã'kɔr; ~ nicht
  ne ... pas encore nö
  pas_ã'kɔr

Norden le Nord lö nɔr
Notausgang la sortie de
  secours la ßɔr'ti dö
  ßö'kur
notieren noter nɔ'te
nötig nécessaire
  neße'ßär
Nummer le numéro
  lö nüme'ro
nun maintenant mẽt'nã
nur seulement ßöl'mã
nützlich utile ü'til
nutzlos inutile inü'til

O

ob si ßi
oben en haut ã o
obwohl bien que bjẽ kö
oder ou (bien) u (bjẽ)
offen ouvert u'wär
offiziell officiel ɔfi'ßjäl
öffnen ouvrir u'wrir
Öffnungszeiten
  les heures *f/sg* d'ouverture
  les_ör duwär'tür
oft souvent ßu'wã
ohne sans ßã

ökologisch écologique
eko'schik

Ordnung l'ordre m 'lordrö

Osten l'Est m läßt

Ozean l'océan m loße'ã

Ozon l'ozone m lo'son

P

Paar la paire la pär;
(Menschen) le couple
lö 'kuplö

ein paar quelques 'kälkö

packen (Koffer) faire sa
valise där ßa wa'lis

Packung le paquet
lö pa'kä

Park le parc lö park

passen aller a'le

passieren passer pa'ße

Pauschale le forfait
lö for'fä

Pause la pause la pos;
(Theater usw.)
l'entracte m lã'traktö

Pech la malchance
la mal'schäß

perfekt parfait par'fä

Person la personne
la pär'ßon

Personalien l'identité f
lidãti'te

persönlich personnel
pärßo'näl

Pflanze la plante la plãt

pflegen entretenir
ãtrötö'nir; (Menschen)
soigner ßoa'nje

pflücken cueillir kö'jir

Picknickkorb le panier-
repas lö pa'nje rö'pa

Plakat l'affiche f la'fisch

Plan le plan lö plã

Platz la place la plaß

plötzlich tout à coup
tut_a_'ku

Portemonnaie le porte-
monnaie lö portmo'nä

positiv positif posi'tif

praktisch pratique pra'tik

Preis le prix lö pri

Preiserhöhung
l'augmentation f de prix
logmãta'ßjõ dö pri

Preisermäßigung
la réduction de prix
la redük'ßjõ dö pri

231

preisgünstig avantageux
awãta'schö
Privatbesitz la propriété
privée la propprije'te
pri'we
Probe l'essai *m* le'ßã
probieren essayer eßä'je;
(*schmecken*) goûter
gu'te
Produkt le produit
lö pro'düi
Programm le programme
lö pro'gram
protestieren protester
protäß'te
Proviant les provisions *f/sg*
le prowi'sjõ
provozieren provoquer
prowo'ke
Prozent le pour cent
lö pur'ßã
prüfen examiner
ägsami'ne; (*überprüfen*)
vérifier weri'fje
Prüfung l'examen *m*
lägsa'mẽ
Pulver la poudre
la 'pudrö
Pumpe la pompe la põp

Punkt le point lö poẽ
pünktlich ponctuel
põktü'äl; à l'heure *adv*
a lör
Pünktlichkeit la ponctualité
la põktüali'te
putzen nettoyer netoa'je
Putzfrau la femme de
ménage la fam dö
me'nasch

Q

Qualität la qualité
la kali'te
Quelle la source la 'ßurßö
quer durch à travers a
tra'wär
Quittung le reçu lö rö'ßü

R

Rabatt le rabais lö ra'bä
Rad la roue la ru;
(*Fahrrad*) la bicyclette
la bißi'klät
Radio la radio la ra'djo

Rasen la pelouse la pö'lus
Rat le conseil lö kõ'ßäj
raten conseiller kõßä'je
Rauch la fumée la fü'me
rauchen fumer fü'me
Raucher le fumeur
lö fü'mör
Raum l'espace m
läß'paß; (Zimmer)
la pièce la pjäß
Rauschgift la drogue
la drɔg
reagieren réagir
rea'schir
rechnen calculer kalkü'le;
~ mit s'attendre à
ßa'tãdr_a
Rechnung la facture
la fak'tür; (Restaurant)
l'addition f ladi'ßjõ;
(Hotel) la note la nɔt
Recht le droit lö droa;
recht haben avoir raison
a'woar rä'sõ
rechtfertigen justifier
schüßti'fje
rechts à droite a droat
rechtzeitig à temps a tã
reden parler par'le

regelmäßig régulier
regü'lje
Region la région
la re'schjõ
reich riche risch
das reicht cela suffit
ßö'la ßü'fi
reif mûr mür
reinigen nettoyer
netoa'je
Reise le voyage
lö woa'jasch
Reiseführer le guide
(de voyage) lö gid
(dö woa'jasch)
Reiseroute l'itinéraire m
litine'rär
Reiseziel la destination
la däßtina'ßjõ
Reklamation la réclamation
la reklama'ßjõ
reklamieren faire une
réclamation fär ün
reklama'ßjõ
Rente la retraite la rö'trät
reparieren réparer
repa're
reservieren réserver
resär'we

233

Reservierung la réservation
  la resärwa'ßjõ
retten sauver ßo'we
richtig juste 'schüßtö
Richtung la direction
  la diräk'ßjõ
riechen sentir ßã'tir
Risiko le risque lö 'rißkö
riskant risqué riß'ke
Rohr le tuyau lö tüi'jo
rollen rouler ru'le
rückerstatten rembourser
  räbur'ße
rücksichtslos sans gêne
  ßã schän
rückwärts en arrière
  ãn_a'rjär
rufen appeler ap'le
Ruhe la tranquillité
  la träkili'te; ~! Silence!
  ßi'lãß!
ruhig tranquille trã'kil
rutschen glisser gli'ße

S

Saal la salle la ßal
Sache la chose la schos

sagen dire dir
sammeln collectionner
  kɔläkßjo'ne
Sammlung la collection
  la kɔläk'ßjõ
Sand le sable lö 'ßablö
sanft doux du, douce f
  duß
ich bin satt je n'ai plus faim
  schö nä plü fä
Satz la phrase la fras
sauber propre 'prɔprö
Sauberkeit la propreté
  la prɔprö'te
säubern nettoyer
  netoa'je
Sauna le sauna
  lö ßo'na
Schachtel la boîte
  la boat
Schade! Dommage!
  dɔ'masch!
Schaden le dommage
  lö dɔ'masch
schaden nuire nüir
Schadenersatz
  le dédommagement
  lö dedɔmasch'mã
schädlich nocif nɔ'ßif

234

Schalter (*Fahrkarten, Bank usw.*) le guichet
  lö gi'schä; (*elektrisch*)
  l'interrupteur
  lëterüp'tör
scharf (*Klinge*) coupant
  ku'pā; (*Speisen*) épicé
  epi'ße
Schatten l'ombre f 'löbrö
schauen regarder
  rögar'de
Schaufel la pelle la päl
Schaufenster la vitrine
  la wi'trin
Scheck le chèque lö schäk
Scheibe la tranche
  la träsch; (*Fenster*)
  la vitre la 'witrö
Schein le billet lö bi'jä
scheinen sembler ßã'ble;
  (*Sonne*) briller bri'je
scheitern échouer
  eschu'e
schenken offrir ɔ'frir
Schere les ciseaux m/sg
  le ßi'so
scheußlich affreux a'frö
schicken envoyer
  āwoa'je

Schicksal le destin
  lö däß'tē
schieben pousser pu'ße
Schiff le bateau lö ba'to
Schild le panneau
  lö pa'no
Schimmel (*Lebensmittel*)
  la moisissure
  la moasi'ßür
schimpfen gronder
  grõ'de
Schirm le parapluie
  lö para'plüi
Schlaf le sommeil
  lö ßɔ'mäj
schlafen dormir dɔr'mir
Schlag le coup lö ku
schlagen frapper fra'pe
Schlamm la boue la bu
Schlange le serpent
  lö ßär'pã; ~ stehen faire
  la queue fär la kö
schlank mince mēß
schlecht mauvais mo'wä;
  mal *adv* mal; mir ist ~
  j'ai mal au cœur schä
  mal_o kör
schließen fermer fär'me
schlimm grave graw

235

Schloss le château lö scha'to; (*Tür*) la serrure la ße'rür

Schlucht les gorges *f/sg* le 'gɔrschö

Schluss la fin la fẽ

Schlüssel la clé la kle

schmal étroit e'troa

schmecken (*gut*) être bon 'ätrö bõ

Schmerz la douleur la du'lör

schmerzhaft douloureux dulu'rö

schmutzig sale ßal; ~ machen salir ßa'lir

Schnee la neige la näsch

schneiden couper ku'pe

schnell rapide ra'pid; vite *adv* wit

schön beau bo, *f:* belle bäl

schon déjà de'scha

schräg oblique ɔ'blik; (*negativ*) de travers dö tra'wär

Schrank le placard lö pla'kar; (*Kleiderschrank*) l'armoire *f* lar'moar

Schranke la barrière la ba'rjär

schrecklich épouvantable epuwã'tablö

Schrei le cri lö kri

schreiben écrire e'krir

schreien crier kri'je

Schritt le pas lö pa

Schublade le tiroir lö ti'roar

schüchtern timide ti'mid

schuldig coupable ku'pablö

Schule l'école *f* le'kɔl; (*Oberschule*) le lycée lö li'ße

schützen protéger prɔte'sche

schwach faible 'fäblö

schwanger enceinte ã'ßẽt

Schwangerschaft la grossesse la gro'ßäß

schweigen se taire ßö tär

schwer (*Gewicht*) lourd lur; (*schwierig*) difficile difi'ßil

Schwester la sœur la ßör

Schwierigkeit la difficulté la difikül'te

236

schwimmen **nager**
na'sche

schwitzen **transpirer**
trãßpi're

See (Binnengewässer)
le lac lö lak

Sehenswürdigkeiten
les curiosités f/sg
le kürjosi'te

sehr **très** trä

Seil **la corde** la 'kɔrdö

sein **être** 'ätrö

seit **depuis** dö'püi

Seite **le côté** lö ko'te;
(Buch) **la page** la pasch

selbstständig **indépendant**
ēdepã'dã

selten **rare** rar

Sendung **l'émission** f
lemi'ßjõ

sensibel **sensible** ßã'ßiblö

Sessel **le fauteuil** lö fo'töj

setzen **mettre** 'mätrö;
sich ~ **s'asseoir** ßa'ßoar

Sex **le sexe** lö ßäkß

sexuell **sexuel** ßäkßü'äl

sicher **sûr** ßür

Sicherheit **la sécurité**
la ßeküri'te

Sicht **la vue** la wü

sie **elle** sg äl, **ils** m/sg
il, **elles** f äl

Sie **vous** wu

Sieg **la victoire** la wik'toar

singen **chanter** schã'te

sinnlos **absurde**
a'pßürdö

sinnvoll **raisonnable**
räsɔ'nablö

Sitte **la coutume**
la ku'tüm

Sitz **le siège** lö ßjäsch

sitzen **être assis** ätr a'ßi

Smog **le smog** lö ßmɔg

so **de cette façon** dö ßät
fa'ßõ

sofort **tout de suite**
tut_'ßüit

Sohn **le fils** lö fiß

solange **tant que** tã kö

sollen **devoir** dö'woar

Sommerzeit **l'heure** f **d'été**
lör de'te

sondern **mais** mä

Sonne **le soleil** lö ßɔ'läj

Sonnenaufgang **le lever
du soleil** lö lö'we dü
ßɔ'läj

237

Sonnenbrille
  les lunettes *f/sg* de soleil
  le lü'nät dö ßɔ'läj
Sonnenuntergang
  le coucher du soleil
  lö ku'sche dü ßɔ'läj
sorgen (für) s'occuper (de)
  ßɔkü'pe (dö)
sorgfältig soigneux
  ßoa'njö
Sorte la sorte la 'ßɔrtö
sozial social ßɔ'ßjal
sparen économiser
  ekɔnɔmi'se
Spaß le plaisir lö ple'sir;
  ~ haben s'amuser
  ßamü'se; (*Scherz*)
  la plaisanterie la pläsãt'ri
spät tard tar
spazieren gehen se
  promener ßö prɔm'ne
Spaziergang la promenade
  la prɔm'nad
sperren barrer ba're
Spiegel le miroir
  lö mi'roar
spielen jouer schu'e;
  Schach~ jouer aux échecs
  schu'e os _e'schäk

238

Spielplatz le terrain de jeux
  lö te'rɛ̃ dö schö
Spielzeug le jouet
  lö schu'ä
spitz pointu poë'tü
Spitze (*Gewebe*) la dentelle
  la dã'täl
Sport le sport lö ßpɔr
sportlich sportif
  ßpɔr'tif
Sprache la langue la läg
sprechen parler par'le
springen sauter ßo'te
spüren sentir ßã'tir
Staat l'Etat *m* le'ta
Staatsangehörigkeit
  la nationalité
  la naßjɔnali'te
stabil stable 'ßtablö
Stadt la ville la wil
Stadtteil le quartier
  lö kar'tje
ständig permanent
  pärma'nã
stark fort fɔr
Stärke la force la 'fɔrßö
statt au lieu de o ljö dö;
  ~dessen à la place de cela
  a la plaß dö ßö'la

stattfinden avoir lieu
 a'woar ljö
Staub la poussière
 la pu'ßjär
staubig poussiéreux
 pußje'rö
stechen piquer pi'ke
Steckdose la prise de
 courant se la pris dö ku'rā
stehen se trouver ßö
 tru'we; ~ bleiben
 s'arrêter ßarä'te
stehlen voler wɔ'le
steigen monter mõ'te
Steigung la montée
 la mõ'te
steil raide räd
Stein la pierre la pjär
Stelle l'endroit m lā'droa
stellen mettre 'mätrö
sterben mourir mu'rir
Stich la piqûre la pi'kür
still calme 'kalmö
Stimme la voix la woa
es stimmt c'est exact
 ßt__egsa(kt)
Stock le bâton lö ba'tõ;
 (Gehstock) la canne
 la kan

Stockwerk l'étage m
 le'tasch
Stoff l'étoffe f le'tɔf
stolpern trébucher
 trebü'sche
stolz (auf) fier (de) fjär (dö)
stören déranger
 derã'sche
Strand la plage la plasch
Straße (in einer Ortschaft)
 la rue la rü; (außerhalb)
 la route la rut
Strecke le trajet
 lö tra'schä
streicheln caresser
 karä'ße
Streik la grève la gräw
Streit la dispute la diß'püt
streiten se disputer ßö
 dißpü'te
streng sévère ße'wär
Strom l'électricité f
 leläktrißi'te; (Fluss)
 le fleuve lö flöw
Strömung le courant
 lö ku'rā
Student l'étudiant m
 letü'djā, ~in l'étudiante f
 letü'djät

239

Studentenausweis la carte
  d'étudiant la ˈkartö
  detüˈdjã
Stuhl la chaise la schäs
Stunde l'heure f lör
Sturm la tempête
  la tãˈpät
stürzen tomber tõˈbe
suchen chercher
  schärˈsche
Süden le Sud lö ßüd
Summe la somme la ßɔm

T

Tag le jour lö schur;
  (als Dauer) la journée
  la schurˈne
Tante la tante la tãt
Tanz la danse la dãß
tanzen danser dãˈße
Tasche le sac lö ßak;
  (Hosentasche usw)
  la poche la pɔsch
Taschenlampe la lampe de
  poche la lãp dö pɔsch
Tasse la tasse la taß
taufen baptiser batiˈse

tauschen échanger
  eschãˈsche
sich täuschen se tromper
  ße trõˈpe
Technik la technique
  la täkˈnik
teilen partager
  partaˈsche
teilnehmen (an) participer
  (à) partißiˈpe (a)
telefonieren téléphoner
  telefɔˈne
Teller l'assiette f laˈßjät
Termin le rendez-vous
  lö rãdeˈwu; (Frist)
  le délai lö deˈlä
teuer cher schär
Theater le théâtre
  lö teˈatrö
Thermometer
  le thermomètre
  lö tärmɔˈmätrö
Ticket le billet lö biˈjä
tief profond prɔˈfõ
Tier l'animal m laniˈmal
Tisch la table la ˈtablö
Tochter la fille la fij
Toilette les toilettes f/sg
  le toaˈlät

240

toll **formidable**
fɔrmi'dablö

Topf **la casserole**
la kaß'rɔl

tot **mort** mɔr

Tourist **le touriste**
lö tu'rißtö, ~in
la touriste la tu'rißtö

Tradition **la tradition**
la tradi'ßjö

tragen **porter** pɔr'te

Traum **le rêve** lö räw

träumen **rêver** rä'we

traurig **triste** 'trißtö

treffen **rencontrer**
räkö'tre

trennen **séparer** ßepa're

Treppe **l'escalier** *m*
läßka'lje

treu **fidèle** fi'däl

Treue **la fidélité**
la fideli'te

trinken **boire** boar

Trinkwasser **l'eau** *f* **potable**
lo pɔ'tablö

trocken **sec** ßäk, *f:* **sèche**
ßäsch

trocknen **sécher** ße'sche

Tropfen **la goutte** la gut

tropfen **goutter** gu'te

trotzdem **malgré tout**
mal'gre tu

Tube **le tube** lö tüb

Tür **la porte** la 'pɔrtö

Turm **la tour** la tur

Tüte **le sac** lö ßak;
(*kleine Tüte*) **le sachet**
lö ßa'schä

U

übel **mauvais** mo'wä;
mir ist ~ **j'ai mal au cœur**
schä mal__o kör

üben **s'exercer**
ßägsär'ße; (*Sport*)
s'entraîner ßäträ'ne

über **au-dessus de**
od'ßü dö

überlegen **réfléchir**
refle'schir

übernachten **passer la nuit**
pa'ße la nüi

überqueren **traverser**
trawär'ße

Überraschung **la surprise**
la ßür'pris

241

überreden persuader pärßüa'de

Überschwemmung l'inondation f linõda'ßjõ

übersetzen traduire tra'düir

übertreffen surpasser ßürpa'ße

übertreiben exagérer egsasche're

überwinden surmonter ßürmõ'te

überzeugen (von) convaincre (de) kõ'wēkrö (dö)

übrigens d'ailleurs da'jör

Uhr l'heure f lör; (Armbanduhr) la montre la 'mõtrö; (Wanduhr) la pendule la pã'dül; (Turmuhr) l'horloge f lɔr'lɔsch

um (örtl) autour (de) o'tur (dö); (zeitl) à a

umkehren faire demi-tour fär dömi'tur

umsonst (gratis) gratuit gra'tüi; (vergeblich) en vain ã wē

Umtausch l'échange m le'schäsch

umtauschen échanger eschä'sche

Umweg le détour lö de'tur

Umwelt l'environnement m lãwirɔn'mã

Umweltschutz la protection de l'environnement la prɔtäk'ßjõ dö lãwirɔn'mã

umziehen déménager demena'sche; sich ~ se changer ßõ schä'sche

unabhängig indépendant ēdepã'dã

unangenehm désagréable desagre'ablö

unbekannt inconnu ēkɔ'nü

unbequem inconfortable ēkõfɔr'tablö

und et e; ~ so weiter et cetera ätßete'ra

unerwartet inattendu inatã'dü

unfähig incapable ēka'pablö

242

Unfall l'accident *m*
lakßi'dã

unfreundlich peu aimable
pö ä'mablö

ungefähr environ ãwi'rõ

ungemütlich inconfortable
ẽkõfɔr'tablö

ungerecht injuste
ẽ'schüßtö

ungern à contre-cœur
a kõtrö'kör

Unglück l'accident *m*
lakßi'dã

unglücklich malheureux
malö'rö

ungültig pas valable
pa wa'lablö

unhöflich impoli ẽpɔ'li

Universität l'université *f*
lüniwärßi'te

Unkosten les frais *m/sg*
le frä

unmöbliert non meublé
nõ mö'ble

unmöglich impossible
ẽpɔ'ßiblö

unnötig inutile inü'til

unordentlich désordonné
deßɔrdɔ'ne

unpraktisch peu pratique
pö pra'tik

unrecht haben avoir tort
a'woar tɔr

unruhig agité aschi'te;
(besorgt) inquiet ẽ'kjä

unschuldig innocent
inɔ'ßã

unsicher peu sûr pö ßür;
(ungewiss) incertain
ẽßär'tẽ

unten en bas ã ba

unter sous ßu; ~ anderem
entre autres ãtr_'otrö

unterbrechen interrompre
ẽte'rõprö

sich unterhalten
s'entretenir ßãtrötö'nir;
(sich amüsieren) s'amuser
ßamü'se

Unterlagen
les documents *m/sg*
le dokü'mã

Unterricht l'enseignement
m lãßänjö'mã

unterscheiden distinguer
dißtẽ'ge

unterschiedlich différent
dife'rã

243

unterschreiben signer
ßi'nje
Unterschrift la signature
la ßinja'tür
unterstützen soutenir
ßut'nir
untersuchen examiner
ägsami'ne
unterwegs en route
ã rut
unverantwortlich
irresponsable
iräßpõ'ßablö
unverständlich
incompréhensible
ẽkõpreã'ßiblö
unvollständig incomplet
ẽkõ'plä
unvorsichtig imprudent
ẽprü'dã
unwichtig sans importance
ßãs_ẽpõr'tãß
unzufrieden mécontent
mekõ'tã
Urlaub les vacances *f/sg*
le wa'kãß
Ursache la cause la cos
Urteil le jugement
lö schüsch'mã

244

V

Vater le père lö pär
sich verabreden prendre
rendez-vous 'prãdrö
rãde'wu
Verabredung le rendez-
vous lö räde'wu
sich verabschieden (von)
prendre congé (de)
'prãdrö kõ'sche (dö)
verändern changer
schã'sche
Veranstaltung
la manifestation
la manifäßta'ßjõ
verantwortlich responsable
räßpõ'ßablö
verbessern (*Fehler*) corriger
kɔri'sche
verbieten interdire
ẽtär'dir
verboten interdit ẽtär'di
verbrennen brûler brü'le
Verdacht le soupçon
lö ßup'ßõ
verderben (*Ware*) abîmer
abi'me

verdienen mériter
  meri'te; (*Lohn*) gagner
  ga'nje
vereinbaren (etw) convenir
  (de) kõwö'nir (dö)
Verfallsdatum la date
  limite de consommation
  la dat li'mit dö
  kõßɔma'ßjõ
verfolgen poursuivre
  pur'ßüiwrö
Vergangenheit le passé
  lö pa'ße
vergeblich inutile inü'til;
  en vain *adv* ã wɛ̃
vergehen passer pa'ße
vergessen oublier ubli'je
vergleichen comparer
  kõpa're
Vergnügen le plaisir
  lö ple'sir
Verhältnis la relation
  la röla'ßjõ
verhandeln négocier
  negɔ'ßje
verheiratet marié ma'rje
verhindern empêcher
  ãpä'sche
verkaufen vendre 'wãdrö

Verkäufer le vendeur
  lö wã'dör, ~in
  la vendeuse la wã'dös
Verkehr la circulation
  la ßirküla'ßjõ
verkehrt faux fo, *f*: fausse
  foß; die ~e Richtung
  la mauvaise direction
  la mo'wäs diräk'ßjõ
verlängern prolonger
  prɔlõ'sche
Verlängerung
  la prolongation
  la prɔlõga'ßjõ
verlassen quitter ki'te;
  sich ~ auf compter sur
  kõ'te ßür
sich verlaufen se tromper
  de chemin ßö trõ'pe dö
  schö'mɛ̃
sich verletzen se blesser
  ßö ble'ße
sich verlieben (in) tomber
  amoureux (de) tõ'be
  amu'rö (dö)
verlieren perdre 'pärdrö
verloren perdu pär'dü
vermeiden éviter ewi'te
vermieten louer lu'e

245

vermuten supposer
 ßüpo'se
vernünftig raisonnable
 räsɔ'nablö
Verpackung l'emballage *m*
 lãba'lasch
Verpflegung la nourriture
 la nuri'tür
verreisen partir (en voyage)
 par'tir (ã woa'jasch)
verrückt fou fu, *f:* folle fɔl
verschieden différent
 dife'rã
sich verschlechtern se
 détériorer ßö deterjɔ're
verschwinden disparaître
 dißpa'rätrö
versichern assurer aßü're
Versicherung l'assurance *f*
 laßü'rãß
sich verspäten être en
 retard ätr ã rö'tar
Verspätung le retard
 lö rö'tar
versprechen promettre
 prɔ'mätrö
verständlich
 compréhensible
 kõpreã'ßiblö

246

verstecken cacher
 ka'sche
verstehen comprendre
 kõ'prãdrö
verstopft bouché bu'sche
Versuch l'essai *m* le'ßä
versuchen essayer eßä'je
verteidigen défendre
 de'fãdrö
verteilen répartir repar'tir
Vertrag le contrat
 lö kõ'tra
vertrauen (auf) avoir
 confiance (dans) a'woar
 kõ'fjäß (dã)
verunglücken avoir un
 accident a'woar
 ẽn_akßi'dã
verwandt parent pa'rã
verwechseln confondre
 kõ'fõdrö
verwenden utiliser ütili'se
verwitwet veuf wöf,
 f: veuve wöw
verwöhnen gâter ga'te
Verzeichnis la liste
 la 'lißtö
verzeihen pardonner
 pardɔ'ne

Verzeihung! Pardon! par'dõ!

verzweifeln (an) désespérer (de) desä'ßpe're (dö)

Verzweiflung le désespoir lö desä'ß'poar

viel beaucoup (de) bo'ku (dö)

vielleicht peut-être pö'tätrö

viereckig rectangulaire räktägü'lär

voll plein plē; (ganz) entier ã'tje

Vollmacht la procuration la prɔküra'ßjõ

vollständig complet kõ'plä

von de dö

vor (örtl) devant dö'wã; (zeitl) avant a'wã; ~ einem Monat il y a un mois il_ja ē moa; ~ Kurzem récemment reßa'mã; ~ allem avant tout a'wã tu

im Voraus d'avance da'wäß

vorbei passé pa'ße

vorbeigehen passer (devant) pa'ße (dö'wã)

vorbereiten préparer prepa're

Vorfahrt la priorité la prijɔri'te

vorhanden (verfügbar) disponible dißpɔ'niblö

Vorhang le rideau lö ri'do

vorher avant a'wã

vorkommen arriver ari'we

vorläufig provisoire prɔwi'soar

Vormittag le matin lö ma'tē; (Dauer) la matinée la mati'ne

vorn devant dö'wã

Vorname le prénom lö pre'nõ

Vorort la banlieue la bã'ljö

vorschlagen proposer prɔpo'se

Vorschrift le règlement lö räglö'mã

Vorsicht! Attention! atã'ßjõ!

vorsichtig prudent prü'dã

247

vorstellen présenter presä'te; sich etw ~ s'imaginer ßimaschi'ne

vorwärts en avant ān‿a'wa

W

Waage la balance la ba'lãß

wach réveillé rewä'je

wachsen grandir grã'dir; (*Pflanzen*) pousser pu'ße

wagen oser o'se

wählen choisir schoa'sir; (*Politik*) voter wɔ'te; (*Telefon*) composer le numéro kõpo'se lö nüme'ro

wahr vrai wrä

während pendant pã'dã; pendant que *conj* pã'dã kö

Wahrheit la vérité la weri'te

wahrscheinlich probable prɔ'bablö

Währung la monnaie la mɔ'nä

Wald la forêt la fɔ'rä

Waldbrand l'incendie *m* de forêt lēßã'di dö fɔ'rä

Wand le mur lö mür

wann quand kã

warm chaud scho

Wärme la chaleur la scha'lör

wärmen chauffer scho'fe

Warnung l'avertissement *m* lawärtiß'mã

warten attendre a'tãdrö

warum pourquoi pur'koa

was que kö

Wäsche le linge lö lēsch

waschen laver la'we

Wasser l'eau *f* lo

Wasserhahn le robinet lö rɔbi'nä

wechseln changer schã'sche

wecken réveiller rewä'je

Wecker le réveil lö re'wäj

weder ... noch ni ... ni ni ... ni

Weg le chemin lö schö'mē

weg parti par'ti

wegen à cause de a kos dö

weggehen partir par'tir

wegschicken renvoyer rãwoa'je

wegwerfen jeter schö'te

wehtun faire mal fär mal

weich (Fleisch) tendre 'tãdrö; (Stoff) moelleux moa'lö; (negativ, z.B. Matratze) mou mu, f: molle mɔl

sich weigern (zu) refuser (de) röfü'se (dö)

weil parce que 'parßö kö

weinen pleurer plö're

weit (entfernt) loin loë; (breit) large 'larschö

und so weiter ainsi de suite ë'ßi dö ßüit

Welt le monde lö mõd

wenig peu de pö dö

wenigstens du moins dü moë

wenn (zeitl) quand kã; (Bedingung) si ßi

werden devenir döwö'nir

Werk l'œuvre f 'löwrö

Werkstatt l'atelier m latö'lje; (Auto) le garage lö ga'rasch

werktags les jours m/sg ouvrables le schur u'wrablö

Werkzeug l'outil m lu'ti

Wert la valeur la wa'lör

wertlos sans valeur ßã wa'lör

wertvoll précieux pre'ßjö

Westen l'Ouest lu'äßt

Wette le pari lö pa'ri

wetten parier pa'rje

wichtig important ẽpɔr'tã

wickeln (Baby) langer lã'sche

widersprechen contredire kõtrö'dir

wieder de nouveau dö nu'wo

wiederholen répéter repe'te

wiederkommen revenir röw'nir

wiedersehen revoir rö'woar

wiegen peser pö'se

wie viel combien kõ'bjë

249

wir nous nu
wirklich réel re'äl;
 vraiment *adv* wrä'mã
wirksam efficace efi'kaß
Wirkung l'effet *m* le'fä
wissen savoir ßa'wuar
Witwe la veuve la wöw,
 ~r le veuf lö wöf
Witz la plaisanterie
 la pläsãt'ri
witzig drôle drol
wo où u
Woche la semaine
 la ßö'män
woher d'où du
wohin où u
wohnen habiter abi'te
Wohnsitz le domicile
 lö dɔmi'ßil
Wohnung l'appartement *m*
 lapartö'mã
wollen vouloir wu'loar
Wort le mot lö mo
Wörterbuch le dictionnaire
 lö dikßjɔ'när
sich wundern s'étonner
 ßetɔ'ne
Wunsch le désir lö de'sir
wünschen désirer desi're

Wut la colère la kɔ'lär
wütend en colère
 ã kɔ'lär

Z

Zahl le nombre lö 'nõbrö
zählen compter kõ'te
zahlen payer pä'je
zahlreich nombreux
 nõ'brö
Zeichen le signe lö ßinj
zeichnen dessiner
 deßi'ne
zeigen montrer mõ'tre
Zeit le temps lö tã;
 ~ haben avoir le temps
 a'woar lö tã
Zeitung le journal
 lö schur'nal
Zentrum le centre
 lö 'ßãtrö
zerbrechlich fragile
 fra'schil
zerreißen déchirer
 deschi're
Zertifikat le certificat
 lö ßärtifi'ka

Zettel le bout de papier
lö bu dö pa'pje

Zeuge le témoin
lö te'moё

Zeugnis (*Bescheinigung*)
le certificat lö ßärtifi'ka;
(*Schule*) le bulletin
scolaire lö bül'tё
ßkɔ'lär

ziehen tirer ti're

Ziel le but lö bü(t);
(*Reise*) la destination
la däßtina'ßjõ

ziemlich assez a'ße

Zimmer la pièce la pjäß;
(*Hotel, Schlafzimmer*)
la chambre la 'schãbrö

zittern trembler trã'ble

zögern (zu) hésiter (à)
esi'te (a)

zu (*Richtung*) à a;
(*geschlossen*) fermé
fär'me; ~ Fuß à pied
a pje

zu viel trop tro

zubereiten préparer
prepa're

zuerst d'abord da'bɔr

Zufahrt l'accès m la'kßä

zufällig fortuit fɔr'tüi; par
hasard *adv* par a'sar

zufrieden satisfait
ßatiß'fä

Zugang l'accès m la'kßä

zugeben avouer awu'e

zuhören écouter eku'te

Zukunft l'avenir m
law'nir

zulässig permis pär'mi

zuletzt en dernier lieu
ã där'nje ljö

zumachen fermer
fär'me

zunehmen augmenter
ɔgmã'te; (*dicker werden*)
grossir gro'ßir

zurück (sein) (être) de retour
('ätrö) dö rö'tur

zurückerstatten
rembourser rãbur'ße

zurückkommen revenir
röw'nir

zurückrufen rappeler
rap'le

zurückzahlen rembourser
rãbur'ße

zusammen ensemble
ã'ßãblö

zusammenarbeiten collaborer kɔlabɔ're
Zusammenstoß la collision la kɔli'sjõ
zusätzlich supplémentaire ßüplemã'tär; en plus adv ã plüß
zuschauen regarder rögar'de
Zuschlag le supplément lö ßüple'mã
zuständig compétent kõpe'tã

zustimmen consentir kõßã'tir
zu wenig trop peu tro pö
Zwang la contrainte la kõ'trêt
Zweck le but lö bü(t)
Zweifel le doute lö dut
zweifeln (an) douter (de) du'te (dö)
zwischen entre 'ãtrö; (unter mehreren) parmi par'mi

Register

A

Abend 9, 10, 13, 158, 201, 202, 205
Abendessen 21, 60
Abendgestaltung 157
Abreise 27
Adresse 17, 85, 170, 179
Akku 124, 126, 173
Alkohol 60
Anhalter 94
Apotheke 100, 178, 179
Arzt 182–184
Aufzug 30
Ausweis 67, 167, 177
Auto 69, 80, 81, 176

B

Bad 22, 24
Bahnhof 93
Bank 166
Batterie 124, 126
Beilagen 42
Benzin 82, 83, 87
bestellen 52, 53, 61, 93
Bett 23, 24, 30
bezahlen 58, 61

Bier 47, 48, 52, 54, 104
Bild 126, 151, 152
Boot 131
Briefkasten 169
Briefmarke 51, 169, 170
Bus 69, 76, 90, 91

C

Café 50, 51
Campingplatz 21

D

Datum 203
Diebstahl 176
Doppelzimmer 22, 23
Dusche 22, 26, 31, 132

E

Eingang 74
Einladung 60
Einlass 158
E-Mail 173
Ermäßigung 24
essen 13, 17, 35, 50–57, 59, 61, 73, 197

F

Fähre 77
Fahrkarte 72, 74, 92
Fahrrad 74, 141
Familie 151
Farbe 111, 112
Feiertag 205
Film 124, 125, 157, 158
Flasche 54, 61
Flug 71
Flughafen 93
Fotoapparat 125
Friseur 100
Frühstück 21, 23, 24, 51, 61
Führerschein 67, 86
Führung 149–151

G

Gebühr 29, 80, 166
Geld 98, 166, 167
Geldautomat 166, 168
Gemüse 43, 101, 105
Gepäck 24, 28
Geschäft 99, 179
Geschenk 98, 108
Getränk 47–49, 51, 52, 62
Glas 31, 54, 62, 121

H

Hafen 154
Haltestelle 92
Handarbeit 109
Handy 173
Haushaltswaren 101, 120
Hotel 20–22, 32, 50, 93, 94

I

Information 20, 50
Innenstadt 93, 154

J

Jahr 12, 202
Jugendherberge 21, 32

K

Kabine 78
Kaffee 49, 51, 105
Karte 53, 68, 73, 76, 78, 127, 149, 151, 157–159, 168, 169, 171
kaufen 30, 51, 73, 98, 103, 158
Kleidung 110
Kneipe 50, 62, 163
Konzert 157

Körperpflege 117
Krankenhaus 195
Krankenwagen 83, 183
Kreditkarte 28, 96, 99, 168
Kunst 109

L

Lebensmittel 99, 101, 102, 193
Licht 26, 87, 143
Luftpost 169

M

Medikamente 186
mieten 21, 32, 80, 81, 141, 142
Monat 186, 202
Motorrad 80

N

Nachricht 25
Nacht 9, 22, 24, 202

O

Obst 63, 101, 106
öffnen 74, 187
Öffnungszeiten 99, 166, 179

P

Päckchen 128, 170
Packung 179
Paket 169
Pass 66, 67
Pension 22
Platz 28, 52, 73, 74, 135, 155, 160, 161
Polizei 83–85, 176, 178
Post 169
Postkarten 51
Prospekt 149

R

Rechnung 28, 33, 58, 67
Reifen 88, 143
Reisescheck 167
reparieren 88, 123, 125, 196
reservieren 20, 33, 51, 157
Restaurant 50, 63
Richtung 92
Rundfahrt 78, 149

S

Saft 107
Salbe 181, 182
Sauna 138, 145

Schalter 71, 88, 168
Scheck 99
Schiff 77, 79
schließen 74
Schließfach 72, 131
Schlüssel 25, 33
Schmerz 182, 185, 187, 195
Schmuck 109
Schuhe 115, 117
Schwimmbad 133
Souvenirs 108
Speisekarte 36
spielen 136, 137
Sport 101, 130, 135
Stadt 18, 148, 156, 158
Stadtplan 127, 148
Stadtrundfahrt 149
Stoffe 112
Strand 130
Straße 68–70, 93

T

Tabletten 182
Tankstelle 82
Tasse 64, 110, 122
Taxi 28, 93
Telefon 170, 173
telefonieren 25, 170–172

Theater 156, 162
Tisch 34, 51–53, 64
Toilette 27, 29, 34, 53
Touristeninformation 20, 148
Trekking 138
trinken 35, 51, 52, 54, 60, 64, 73, 163

U

U-Bahn 69, 90, 148
Uhr 13, 27, 28, 51, 73, 78, 93, 139, 146, 152, 158, 200, 201
Uhrzeit 200
umsteigen 72, 91
Unfall 83, 85, 178

V

Veranstaltung 157
Verbandszeug 84, 182
Versicherung 85, 177, 188
Vorwahl 171, 172

W

Wandern 138
warten 53, 93
waschen 34

Wasser 27, 34, 48, 54, 130, 134
Weg 68
Wein 52, 55, 108
Wertsachen 25
Wetter 130, 199, 206
Wintersport 145
Wochentage 204

Z

Zahlen II, 200
Zahnarzt 182, 184, 196
Zeit 199, 200, 203
Zeitung 51, 127, 128
Zimmer 20, 22–25, 34
Zug 72–74

Jetzt gibt's was auf die Ohren

Fit für die Reise mit dem Audiotrainer im Handgepäck

- Das perfekte Last-Minute-Training
- Mit zwölf typischen Urlaubssituationen zur Auswahl
- Zuhören, Verstehen und Sprechen
- Grammatik, Übungen und alle Texte zum Nachlesen im Booklet

Langenscheidt
...weil Sprachen verbinden